企业核心价值观读本

照亮 别人 自己

国网苏州供电公司好人故事

国网苏州供电公司　主编

文匯 出版社

编委会

序

　　十个月前，我刚调来国网苏州供电公司任职，在初步调研、熟悉情况的阶段，就形成了一个极其鲜明的印象：苏州公司好人特别多。这在整个国家电网系统中显得特别突出，在苏州市文明办评选的"苏州好人"群体中所占的比例也特别高——应该是全市所有机关、企事业单位中比例最高的。这一发现令我十分欣喜。后来我又逐渐了解到，苏州公司不但好人数量多，类型也多，行善的模式也在不断进化。

　　被评为"中国好人"的韩克勤、获得"最美国网人"称号的龚卫初、照顾患病老班长的"兄弟连"团队、照顾麻风病姐弟的"供电好囡"团队、照顾病逝同学父母的胡尉斌等，他们的荣誉中沉淀着时间的分量。十几、二十几年的默默奉献，光是这份毅力，就令人动容。而陈东、张未厌这一类好人的善举则是全面开花，组织贫困地区助学项目、担任苏博志愿者等等，将大部分业余时间扑在丰富多彩的公益活动中，既给帮扶对象带去了光明和温暖，也提升了自我的生命境界。

以前，好人们做好事，主要表现为个体的自觉行为或公司的集体组织，近几年，随着80后、90后成长起来，出现了一些变化。这些新生代充分意识到，个体的能量是有限的，政府和企业也不能包办所有，许多事情还要民间力量去补充延伸，于是他们主动拥抱社会，牵头创立社会组织，将微观的善的行为升级为宏观的善的机制。例如80后"爱心妈妈"朱惠琴，她的好人好事始于关爱一个破碎家庭的孩子，继而发现这是一个特别需要关心的群体，于是注册了社会组织"紫苏叶妈妈育儿社"，将公司和社会上的爱心妈妈们聚集起来，共同呵护失去家庭温暖的孩子们。后来又"防线前移"，组织爱心妈妈们到民政局婚姻登记处调解行将破裂的婚姻，成功率高达近70%……

从企业到社会，从个人到社群，公益慈善的效率效果得到了极大的提升。公益模式的革新，固然是现代城市文明进步的必然趋势，我们苏州供电好人们始终行进在时代的前沿，给了我很大的震动和感动。

国网苏州供电公司为什么会形成一个令人瞩目的好人群体，并且一直呈现逐年壮大的态势？我和我的同事们也一直在思考这个问题。

这一定跟苏州这片地域的文化土壤有关。孔子说："富而好礼。"管子说："仓廪实而知礼节，衣食足而知荣辱。"苏州坐拥温山软水，极少遭遇天灾，物阜民康，人文殷盛，千年以前，以范仲淹为代表的士大夫群体，就建立起了置义田、修义庄、兴义学的慈善传统，世代更替，传承不绝，仁义的基因早已根植于苏州人的血脉。

另一方面，国家电网"诚信、责任、创新、奉献"的核心价值观与"努力超越，追求卓越"的企业精神，普通员工虽然不可能成天挂在嘴上，但在长年累月的日常工作中，以此为准绳要求自己，自然逐渐内化于心，融为生命本能的一部分，面对特定的情形，便外化为行。吴坤林于隆冬季节见人落水，毫不犹豫跃入冰河救人，瞬间的抉择肯定不是理性权衡的结果，而是从灵魂深处迸发出的仁善之力。

当然，以上两点并非国网苏州供电公司好人多的标准答案或者完整答案。相信在阅读本书的过程中，每个人心中都会形成一份更加清晰生动的答案。

好人行善与追求名利无关，在采访和编撰这本书的过程中，甚至有多位好人诚恳建议，将他们从名单中划去。但我们坚信，宣传好人、礼赞好人，帮助怀抱善念的人们寻找心灵的灯塔、前行的榜样，本身也是莫大的善举。这便是我们编撰此书的初衷。

国网苏州供电公司这些年来的蓬勃发展，苏州供电好人群体的不断壮大，跟每一位普通员工的辛勤付出、无私奉献息息相关，同时也离不开以韩冰总经理为班长的领导班子和历届老领导的睿智领导与悉心关怀。在此一并向他们致以衷心的感谢。

此外，我还要向《苏州杂志》主编、作家陶文瑜，姑苏区作协主席、作家燕华君，作家潘敏，苏州麦禾文化传播有限公司总经理钱群及其编辑团队致以诚挚的敬意，感谢他们为本书的策划与创作贡献了大量的智慧与汗水。

相信只要我们每个苏州供电人都深入践行国网核心价值观，热忱拥抱苏州人"富而好礼"的传统文化，践行"崇文睿智、和谐致远"的苏州城市精神，苏州供电好人的精神火种一定会传承不熄、发扬光大，将更多人的心灵与生活照亮。愿我们每个人的向善之心与好人们的为善之心在即将展开的字里行间相遇相印。

　　是为序。

2016 年 6 月

　　（本文作者系国网苏州供电公司党委书记。）

目录

导读

苏州供电好人传灯录

　　人心中的美好是一盏明灯，有了它就能驱散黑暗，人心的温暖往往能照亮很大一片地方。若薪火相传，便能光明远播。过去，人们把佛法的传扬称为传灯，今天，国网苏州供电好人文化的传播，用"传灯"来形容似乎更形象一些，贴切一些。一个好人一盏明灯，无数个苏州供电好人，这城市就光亮起来，万家灯火就显得格外温馨。

　　人家常常觉得苏州人十分悠闲，丰子恺老先生有一幅比较著名的漫画，题目就叫《苏州人》，画的是一个穿着长衫叼着烟卷，手上还托着鸟笼的中青年。这一副神情有点公子哥儿，有点无所事事。其实苏州人有点冤枉，早出晚归勤俭勤奋地工作和生活着呢，只是不紧不慢。苏州人很淡的，淡定从容，不会随意放弃，也不会贸然接受，非常定心地做着自己分内的事情。

　　苏州人也是很韧的。范小青说，苏州人没有梁山好汉的气魄，可苏州人有精卫填海、愚公移山的精神，苏州人从来就没有停止过他们的追求，他们的奋斗。苏州人的精神和物质不会一夜之间富起来，苏州人民是一天一天把苏州建成人间天堂的。

　　好人一直是苏州的精神财富，好人，都是平凡的人，点点滴滴，把平凡生发出光芒，成就某种不平凡。2500年前，铸剑的干将莫邪都是平凡的匠人，但他们却将吴钩打磨成天下最锋利的兵刃，这似乎是苏州"匠人精神"的源头。后来，平凡的绣娘做出惊艳的刺绣，平凡的木匠造出天工的苏作。苏州供电好人也是这样，就像韩克勤他们，为几百万用户做着保障电网安全稳定运行的工作，服务地方经济社会发展，服务百姓民生用电生活，认真履行着"你用电我用心"的庄严承诺。平凡的工作，成就了不平凡的事业。苏州在2015年企业售电量达到全国城市首位，这辉煌的背后是国网苏州供电好人们默默的付出，是工匠精神一点一点的打磨与创造。

"仓廪实而知礼节"，一直富足安康的苏州让苏州人知书达理、体贴入微。苏州供电好人就这样演绎着柔风细雨平淡真挚的好，有时候，微微的一个眼神，就能推开孤单传递温暖；轻轻的一句话，若有真情就能打开心房；淡淡真真的情感，往往能够绵绵不绝不断。"会读心术的编外小巷总理"孙洁，以及"亲情电力进社区"品牌的志愿者们，利用业务时间，与社区结对，在为困难人群送去用电服务的同时，也送上苏州供电好人暖暖的亲情，用志愿服务搭起供电企业与群众之间的连心桥。

父慈子孝、兄友弟恭、尊老爱幼、和睦乡邻，苏州人的和善是发自内心的。二十四孝之一的"怀橘遗亲"，主人公就是三国时期的苏州人陆绩。今天，从替已故同学尽孝12年的"苏州好同学"胡尉斌到照顾老班长10年的"兄弟连"爱心团队，"老吾老以及人之老，幼吾幼以及人之幼"，苏州供电好人用真实的故事讲述着古老的格言。

苏州人称不上豪爽，但骨子里从不缺侠义。明末魏忠贤弄权，要在苏州抓东林党人，普普通通的苏州市民可以走上街头，为义理而争，就有了平民的英雄"五义士"。苏州供电好人里一样有这样平凡的英雄，勇救落水老人的"电力大叔"吴坤林、无偿献血 74000 毫升的"中国好人"龚卫初、引领社会治理进步的"爱心妈妈"朱慧琴、走进贵州深山圆留守儿童上学梦的张未厌……

苏州供电好人都是生活在我们身边的一群普通人，他们身上流淌着数千年来苏州人共通的优秀品质，坚韧、淡定、知礼、和善、侠义、细腻、体贴，仿佛苏州人爱泡的一杯清茶，慢慢品方能咂出其中滋味。这背后，不仅仅是苏州这片土壤滋养使然，也是国网苏州供电公司企业文化不断熏染的结果。他们个人的闪亮风采，勾勒出国网苏州供电的企业文化品格，与社会主义核心价值观的时代旋律相呼应，成为苏州这座城市的点点星光。

每一个苏州供电好人的一点星光，在人们需要的时候温暖地闪亮，而这种力量汇流成河，便是诚信的力量，更是苏州供电好人爱的力量。这爱的心灯，一个一个传递开来，万家灯火的美好，就让苏州闪耀。

2016 年 6 月

（本文作者系《苏州杂志》主编、作家。）

韩克勤的一天

韩克勤，我称之为"金光闪闪"的人物，供电公司优秀员工，大众榜样。她身上荣誉一大堆：全国劳模、十八大代表、全国三八红旗手、中国电力楷模、国家电网十大杰出青年。偏偏颜值高，脾气又好，家庭和睦，面对这样一个时尚又优秀的人，要叙说她的平凡工作和日常生活，从哪里着手呢？

韩克勤说她喜欢听歌，感谢朴树："直到看见平凡，才是唯一的答案。"

好吧，就从韩克勤的一天开始叙说，平凡的一天，或许你能从中读出些许不平凡。

主人公：韩克勤，女，1974年1月出生，国网苏州供电公司营销部党总支书记。

主要荣誉：党的十八大代表、全国劳动模范、全国岗位学雷锋标兵、中国好人、中国电力楷模。

上午，阳光透过窗帘照在脸庞

掏给客户一颗心，客户还你一片天。

——韩克勤

　　早晨，韩克勤醒来的第一件事，是把一天要做的事在脑子里过一遍，春来秋往，日长天久，这已然形成一种习惯。韩克勤用微笑迎接早晨第一缕阳光，给女儿准备早点，检查书包，送她去上学，再做些家务，韩克勤早早来到单位。办公室窗明几净，寂静无声，阳光透过窗帘照在脸庞，舒心的感觉油然而生，人说工作着是美丽的，还真是这样。

韩克勤出生在一个普通的工人家庭，父母的教诲、老师的指导以及自己的"要"，使得韩克勤成长为一个听话且样样争先的孩子。1993 年，韩克勤从学校毕业，被分配到苏州供电公司烽火路营业厅，成为一名普通的业务受理员。有人的地方就有思想，有人的地方就有左中右。营业大厅经常会有居民理论甚至争吵，但韩克勤从来都是笑容待人，耐心沟通。

也是一个平常的上午，一个女顾客因分时电价事宜要求退还电费差价，韩克勤耐心地劝说着她。说着说着，女顾客突然情绪激动，随手将一个眼镜盒砸向韩克勤，全场一片寂静，女顾客自己也愣住了，无数双眼睛投向韩克勤，韩克勤微笑着，继续向女顾客解释着有关规定，似乎眼镜盒事件从未发生过。女顾客不好意思地低下头，她说："没想到，你的笑那样好看，我道歉。"

韩克勤说："柜台服务压力一直很大的，事情又多，要求又高，所以，工作中，我一直牢记自己代表着公司的形象。"

务实是什么？往大处说是兴邦的武器，往小处说则是立家之本。韩克勤踏实工作的招牌就是微笑。一切崇高来自于坚持，韩克勤做了二十多年的供电客服工作，也就是说，她持续微笑了二十多年，结果是二十多年零差错、零投诉。她是如何做到的？秘密是微笑和耐心。微笑已成为韩克勤的呼吸，不可或缺。她用微笑抵挡内心的紧张，而恰恰是她的微笑，像一阵春风，像一滴雨露，丝丝缕缕，点点滴滴，渗透到每一个客户的心里，将心比心说的就是这个道理。

韩克勤用微笑赢得客户的一片赞美。比如，一个在外地工作的女士，要求供电公司上门为其八十多岁的父母亲家增容，韩克勤二话不说，休息天上门服务，还垫付了施工材料费。比如，风大雨急的夜晚，韩克勤接到客户打来的电话，冲出家门，给客户送去充好值的 IC 卡。

小事，一件又一件；感动，一次又一次。韩克勤每天用心把服务窗口擦得锃亮。她有一颗智慧心，其实，爱，只要从灵魂深处淌出，由此心及彼心，如此便好。

韩克勤是一个平凡的人，她二十多年如一日地坚守着自己平凡的岗位；韩克勤又是一个不平凡的人，她二十多年的日子每天都是新鲜动人。韩克勤只想朴素地告诉来到窗口的每一个人：为你打开一扇窗，以诚相待，朝送晚迎，伴你度过春夏秋冬。

上午时间很快过去，阳光透过窗帘照在韩克勤脸庞，像一幅画。

中午：安静时间里奉献热血

只有平凡的岗位，没有平凡的人生，把平凡的工作做好是我不懈的追求。

——韩克勤

喧闹的整个上午，韩克勤处理了不少工作上的事，这会儿她松了口气。事情，零零碎碎，杂七杂八地堆在那里，韩克勤一板一眼地做着，微笑着，迎来送往接待着一批又一批客户。吃饭后有一小段休息时间，安静的办公里，同事们或是打盹，或是听音乐，或是看报纸，积蓄精力，为下午漫长的繁忙做准备。韩克勤却一个人悄悄地走出供电公司，她要去办一件大事情。

事情还要追溯到 1994 年 4 月的一天，韩克勤从《苏州日报》上看到了整版的关于无偿献血的报道后深受感动，当天中午午休时，她就骑着自行车来到市中心血站，看着医生抽出自己殷红的血，她知道自己的血可以再生，又可以救命，何乐而不为呢？

那时候，无偿献血的人很少，大家还没有那种献血光荣的理念，韩克勤觉得自己献血有点难为情，所以谁也没告诉，包括家里人。

韩克勤是这样的性格：外表看似柔弱，内里却是十分要强，认准的事绝不后悔。从此以后，韩克勤每隔三个月或半年，就要去一次血站，常常是中午最安静的时间，韩克勤骑着自行车，或顶着烈日，或冒着冷雨，匆匆地跑到血站，坐下，抽血，有时来不及歇一下，她又赶回单位。一转眼的工夫，二十多年过去了。二十多年来，韩克勤的献血证上已盖了三十多个红印章，二十多年的无偿献血，她的献血总量已达 12000 毫升，是一般成年人全身血量的三倍。2003 年以后，韩克勤又与 200 名同事志愿加入中华骨髓库，延续大爱。

韩克勤无偿献血的事经媒体报道后，单位里的人觉得太惊讶了，一个娇美柔弱的女子，平时不声不响，工作干得出色，居然还有勇气去献血。"有爱心，多善举"，这是同事们对韩克勤的一致评价。

韩克勤自己觉得没什么了不起，这个一路走来心里一直要好要强的女子，她说，工作呀献血呀，做的时间长了也习惯了，没啥困惑，只想做得更好。没有最好，只有更好，许多的中午，许多中午的安静时间，韩克勤就是这么度过的。

下午，"爱心大使"的心路历程

服务没有最好，创新才能更好。

——韩克勤

道路是铺陈，桥梁则是飞跃。韩克勤是个喜欢动脑子的人，她说改革是创新的动力，是变化是飞跃。想象力似雨，繁复又细密，而苏州恰恰是一个多雨的地方。韩克勤心里有许多想象，许多想象化作了苏州供电公司的诸多新元素：

2006 年，韩克勤首创"亲情电力进社区"服务品牌，这个品牌集用电业务咨询、用电故障报修、安全用电解读、节约用电宣传、客户意见征求、用电投诉受理和计划停电公告于一体。十年来参与各类志愿活动达 8000 余人次，解决居民用电困难 2700 余件。

2013 年，韩克勤首创"亲情电力云服务"模式，现已覆盖苏州市区 284 个街道社区，累计答复处理 2000 余条用电咨询。

韩克勤带头义务为苏州市 85 家世界 500 强企业及 1800 多家中小型企业提供个性化用电方案定制服务,节约电费成本近 3.6 亿元。

韩克勤建立的"韩克勤劳模创新工作室"团队先后推出了银行托收、电费充值卡、网上支付宝等缴费方式,增设了 473 个连锁超市缴费点,打造了"十分钟居民电费缴费圈"。

韩克勤爱心基金、韩克勤党支部、韩克勤党员服务队、韩克勤劳模创新工作室……苏州供电公司有多个以韩克勤名字命名的组织。千变万化的繁琐工作,细致才行;客户缜密如麻的心思,静想才懂。

事在人为,先从一桩事牵出一个人,再从一个人牵出一群人。所谓一滴水反映太阳的光辉,这一群人的辛勤努力,忙碌工作,织成了一张既细密又精致的国家电网。最大的得益者是老百姓,于是,老百姓说:幸福像花儿一样开放。

韩克勤们说:为梦想找一个家,圆梦的心就能飞翔。

仿佛一夜之间春风来,千树万树梨花开。悄然之中,供电公司借助云服务将温暖送进万家。

当好顾问,为客户排忧解难;当好保姆,为客户雪中送炭;当好医生,为客户锦上添花,这是韩克勤们共同的愿望。

从一滴雨开始,从而成为雨季。

一个人的夜晚是天堂

你用电，我用心。用电无小事，用心无难事。

——韩克勤

"风荡荡兮云漫天，猛士歌之亦绵延。"白天，韩克勤的工作像一支钢琴奏鸣曲，第一乐章高昂、急促，下班了，回家了，第一乐章戛然而止，韩克勤的生活进入了遐想、静谧的第二乐章：韩克勤身上有一种文艺青年的范儿，她不喜欢扎堆，她喜欢一个人，安静地听歌、看书、看电影、散步，想想手头上的工作，一个晚上就这么过去了。

夜晚，韩克勤在班德瑞飘渺的歌声里想起从前：2005 年 5 月，韩克勤刚当上客户经理，一头乱麻时，韩克勤决定给自己"充电"。知识在于更新，橘黄色的灯光下，韩克勤与女儿一起趴在小书桌上认真做着各自的"功课"，女儿读"的地得""ABC"，韩克勤则再次翻开《电力安全工作规程》，熟读《35kV 客户端变电所建设标准》，背诵《10（20）kV 客户变（配）电所送电工作规定》。

夜晚之后是早晨，当第一缕阳光照进窗户时，韩克勤觉得心里满满当当的，又可以精神焕发地坐在服务窗口了。

美是邂逅所得，青春则是劈面相逢，韩克勤既是美的也是青春的，这种既美丽又青春的情怀，与她内心的文艺气质一拍即合，毫无违和感。俯拾万物，从心所欲，这气质隐隐地透出韩克勤独有的风骨。这风骨，无关乎物质，仅限于精神层面，看似无用，实则随风入夜，润物无声。

韩克勤的一天即将结束，不知梦到了什么，她在梦里笑了。微笑，这心灵花园中最蓬勃的花朵，韩克勤将它双手捧出，虔诚地献给她爱的每一个人。她说，你用电，我用心。

时间无言，如此这般。风吹过的，路依然远。韩克勤，你的故事讲到哪儿啦？

鲜血般浓稠的人生

2003 年 7 月的一个晚上，昆山城厢镇。暑气逼人，闷热异常。在这样的晚上，除了看看电视，吹吹空调，似乎什么事也做不了。突然，电视屏幕上滚过一条揪心的消息：昆山医院一个刚生下龙凤胎的孕妇，出现大出血，急需大量鲜血挽救生命。

闷热夏夜，配上这条求救消息，更让人觉得压抑且透不过气。

此时，在昆山淀山湖畔，一个普通的五口之家也看到了这个消息，龚卫初，这个昆山市供电公司淀山湖供电所的职工，这个热血的中年汉子，二话不说，甚至没来得及跟家人打招呼，箭步冲出家门，消失在黑夜里。

途中，老龚收到了市红十字会的群发短信。昆山红十字会的同志在门口焦急地张望着，当路灯下出现一个急速飞奔、微胖的身影时，那个同志一直悬着的心终于放下，情不自禁在心里叫道：老龚啊！……老龚 400CC 鲜血缓缓输给产妇，十小时后，产妇脱离危险。此时，龚卫初的孙子一个劲嚷嚷着："阿爹！阿爹你去哪儿啦？"

主人公：龚卫初，男，1963 年 9 月出生，国网昆山市供电公司淀山湖供电所抄表工。

主要荣誉：中国好人、江苏好人、苏州好人、全国无偿献血奉献奖金奖、中华骨髓库志愿捐献者。

车祸，引出八本献血卡

　　龚卫初，个头不高，微胖，脸庞白里透红，身坯结实。他说，身体很健康，这一切都要归功于他长年献血。问起他献血的初衷，答案竟然叫人惊讶不已。老龚说，他悄悄观察，发现农村里老太的寿命比较长，他心里想与自家老伴白头偕老，认为献血是一种变相的排毒，所以，国家1994年《献血法》刚一出台，1995年老龚就开始献血。因为心里有了想法，1995年的某一天，老龚从淀山湖红星村出发，坐上公交车，去到昆山市区。思考了三秒钟，老龚毅然走进血站，开始了他人生的第一次无偿献血。第一次献血，老龚倒是一点不怕，有趣的是，医生的针头进去，说好放200CC血的，不知怎么的，放了400CC的血。老龚这个老好人说："可能是看我身体比较壮吧，多放点血也没关系，我受得住。"

　　有意思的是，虽然老龚献血的初衷源自对老婆的爱，但第一次献血他却瞒掉了家人，他怕老婆想不通。老婆曾经说过："男人的血是金，是钢，家里靠你干活的，不能随便放血。"

　　身体较壮且受得住的老龚，在2012年遭遇了一场车祸。从摩托车上翻滚到桥下的老龚，情况十分危急：

肋骨粉碎性骨折，全身多处大出血，血压跌到25，医生切开老龚的喉管，400CC鲜红的血输入老龚体内。情况紧急，输血时滴管来不及滴，护士急速地挤压输血袋，鲜血几乎冲进老龚体内，陌生人的鲜血让老龚死里逃生。

老龚深情地说："是血，保住了我的命。"

一夜之间，全医院医生、护士、病人都知道了龚卫初是昆山的献血英雄，他居然已经拥有八本献血卡，其中有一本整整输血九次。

老婆惊讶地说："呀，老头子，看不出，你献了交交关关的血啦。"老龚笑说："老婆你现在知道了吧，献血是旧血换新血，血更可以救人命。"

至此，老龚已无偿献血达十七年之久，献血总量达74000毫升，相当于十五个成年人体内全部血量的总和。

血，浓于水；情，缘于爱。身为淀山湖供电所一名普通的抄表员，老龚的想法很简单：既然我的身体很壮，既然血站需要大量的O型血，我随时奉献热血。

医生对动过大手术，还躺在病床上的老龚说："一年之内不能献血，一年之后你再去献爱心吧。"

老龚听了，有点遗憾："唉，停掉一年献血，我不习惯了。"

日常：工作，献血；再工作，再献血

老龚的工作蛮忙，他和三个同事负责整个淀山湖镇金家庄村 86 户养殖户的抄表、收费和保电工作。不要小看一个小小的抄表、收费与保电，其中的规则倒是不少。以前不通车，他们去养殖户人家抄表时，只能摇船上门；渔民靠水吃饭更靠电吃饭，尤其是高温天不能停电，所以，老龚他们的手机必须二十四小时待机；收费要下班之后才能上门，因为养殖户白天时间很紧，忙得像在打仗，如果再碰到季节性农忙，老龚他们就要去帮忙养殖户播种或收割，等他们忙完了，才能提收费的事，而这时往往已是晚上十点多钟了；苏州人规矩，小小年夜之后，就不能上门收费了，老龚把这些抄表和收费上的细节，写在一个本子上，时不时地拿出来看看，对照一下。

老龚已经无偿献血 21 年，从 1995 年老龚第一次开始献血算起，到 2016 年初，他已经拥有整整十本充满爱心的献血卡。荣誉也得了不少：全国无偿献血奉献金奖两次，全国无偿献血特别奉献奖一次，中华骨髓库志愿者，血小板捐献者。

老龚平时很少进城，但每月却要坐一个多小时的公交车，先从淀山湖红星村坐车到到昆山市区，再转车去献血点。有一次，老龚献血时，工作人员说："老龚，现在血小板缺得厉害，你要不以后专门献血小板吧，200CC 的血小板血浆相当于 800CC 的血。""你们的需要就是我的需要"，朴实的老龚答应了。从最初每年两次的全血捐献，到现在一个月两次的血小板捐献，最多的一年老龚竟然献血 22 次。献血这件事，已经成为老龚生活中不可分割的一部分。老龚乐呵呵地填写义工表格，宣传献血；老龚专注地在看同伴们在血站聊天群里妙语连珠；老龚轻描淡写地对老婆说：你看，我献血之后五天就能恢复，我身体啥毛病也没有。

老龚家里其乐融融，家风盎然。老龚三代同堂，家里楼上楼下，地方很大。儿子媳妇孙子，一家五口住在一起，每天家里欢声笑语不断。休息天，老龚会带着孙子去淀山湖老街走走、看看，告诉他黄巢农民起义军的度城遗址，孙权母亲亲手所栽、省内最古的银杏树。有劲的是，老龚献血事迹一公开，家里众声喧哗，一片支持声。老婆说："你每个月排毒两次，身上没啥毛病，还能救人，献血这事我认账了。"儿媳妇则关照儿子："去，去跟爸爸一起献血，身体好。"在老龚的感召下，儿子和老龚的同事们也加入了献血行列，

血站有时会发一些小东西给老龚，杯子、伞、雨衣……老龚小心放好，时时擦拭，不舍得用，老龚说这是至高无上的荣誉，家里人也不去用这些东西。

"孤岛"上的光明使者

龚卫初为人朴素，工作踏实，一口昆山上海话，到哪里都有人缘。淀山湖红星村他居住的地方，以及他工作的金家庄村，大人小孩都认得他。"分外事"献血他做得风生水起，兴致勃勃，而作为"分内事"的电力为民，他更是做得兢兢业业，头头是道。

"老龚，上班啦？我的电费下午交给你。"

"龚阿爹，今朝又到城里献血去哉？身体真好。"

"小龚，带孙子出来逛逛啊？"

因为工作关系，经常要跑东家走西家；更因为坚持献血，始终不渝，报纸上、电视上一宣传，龚卫初就成了淀山湖地区家喻户晓的人物。龚卫初很开心，他说："人不就图个开开心心过一辈子嘛。为啥要献血？我说不出大道理，只要身体允许我就坚持。百年之后，我还要捐献器官，帮助更多的人。"

老龚工作的地方全称淀山湖镇金家庄村，四面环水，唯一的交通工具是船，像一座孤岛。村里有 86 户养殖户，加起来共有 2800 多亩鱼塘。老龚和他的同事们每天的工作看似很单调，抄表、收费、发放用电便民卡、抢修电路电线、调整电架设电线杆、逐年新增变压器、淘汰落后表计和开关……其实，这每一项的施工作业，都是靠龚卫初和同事们的舟车往返，人拉肩扛，点点滴滴地完成。日复一日，年复一年，老龚他们从不嫌烦，被当地居民比喻为"孤岛"上的光明使者。

十六年间，老龚和他的同事们到孤岛抢修保电不下300 余次，从来没有发生过一起因为断电造成的养殖受损事件。

2015 年 7 月的一天，轮到龚卫初值夜班。深夜零点时，突然大雨飘泼，四周一片漆黑。就在此时，电话铃响了，是淀山湖金家庄村养殖塘北面的 9 家养殖户紧急报修。老龚太知道了，此刻的高温天，电是养殖户的性命，特别是螃蟹和鱼虾凌晨时要增氧，如若遇上停电，20分钟之内鱼虾必翻肚皮。险情就是命令，龚卫初和同事们立即冒雨开车出发，到了村里再转乘小船，又步行几公里赶到故障现场。排查发现，停电故障不属于供电抢修范围。但一想到在高密度养殖池塘里，增氧泵没电不能工作，养殖户一年收成有可能付诸东流时，龚卫初和同事们就毫不犹豫地投入抢修中。当增氧泵有规律的"嗡嗡"声响起时，天已经蒙蒙亮了。

"你用电，我用心"，这是苏州整个供电系统一个朴素的理念，龚卫初做到了。他用心，给用户送去了光明；他用血，叙写了自己丰富多彩的人生。

陈东的舞台

2015 年 9 月的一天，天高云淡，秋朗气爽，在苏州市妇女儿童活动中心内，苏州供电公司自导自演的话剧《雷雨》正在火热演出中，陈东成功地塑造了鲁贵这个市侩气十足的角色，与其本人形成巨大的反差。生活中热心而稳重的陈东是全国首批优秀五星级志愿者，这个志愿服务已超过 1500 小时的青年，站在舞台中央，聚光灯下，往事一幕一幕如放电影一样从眼前划过，童年、青年、壮年，陈东的舞台，万花筒般瞬间旋转，潮水般涌来。

主人公：陈东，1972 年 12 月出生，国网苏州供电公司下属电力建设有限公司安全质量部主任。

主要荣誉：中国首批优秀五星级志愿者、中国优秀志愿者、首届中国博物馆十佳志愿者之星、江苏省首届十大杰出志愿者。

童年，干将路邻居温暖的呵护

老苏州都记得，以前没有干将路，以前的以前有干将和莫邪的传说。陈东一家住在拆迁前干将路老底子的一条小巷里，父母都是聋哑人，陈东的家里无声无息。陈东一直到三岁还不会说一个字。虽然不会说话，但陈东心知肚明，周围邻居、居委会干部，甚至一些陌生人，都会跑到他们家，帮他父母做事。

好婆，今朝帮你买的小菜，收好。

阿爹，下午要到拙政园吃茶吗？我陪你去！

阿爹好婆，陈东的幼儿园托费我交掉了，哎，收据在这里，多少钱我写给你们看。

……

小时候，尽管陈东不会说话，比起父母亲，他能听懂周围人们发出的声音，更能看懂人们热情帮助他们一家的真诚。焦急的父母把陈东和他妹妹送到乡下亲戚家，嘿，一个多月后两小孩会说所有的话。

陈东和妹妹站在小巷里喊喊喳喳说话，父母虽听不见，却能感受到兄妹俩的快乐——能听见，会说话，这是多么好的事情。接下来的日子漫长又美好，邻居帮着他家做事，陈东会说"谢谢"，妹妹会说"再见"。在陈东幼小的心里，总是回旋着这样的一个情景舞台：小巷深深，风火墙下站着沉默的父母亲，妹妹系着粉色蝴蝶结，唱着歌跑向前；陈东牵着隔壁阿姨的手，去往幼儿园。

陈东在幼儿园学"人""口""刀""手"。

陈东在幼儿园画太阳、树、月亮、爸爸、妈妈。

陈东写字条给父母亲：长大，我要做好人。

母亲用手语对陈东说：爱，感恩。

整个童年生活，只会手语的父母、活泼的妹妹、喜欢管闲事的邻居、一点不像干部的居委会干部、遥远的教会他发声的乡下亲戚、与父母在字条上你来我往的幼儿园老师……陈东学会了一个最基本的生活方式：听不见不要紧，不会说话不要紧，但一定要有一颗感恩的心。

青年，博物馆忙碌的志愿者

这世界，舞台很大，而千变万化的台词则永在心中。

青年陈东，从无声家庭走出来，分配到了苏州供电公司工作，生活的舞台一下子变大变阔了，好花好天好风景，逐一在陈东眼前展开。陈东一面工作，一面寻找机会，他要实现童年时的梦想了：做一个志愿者，帮助更多的人。

1999 年，陈东尝试着做了一段时间志愿者后，终于成立了一支民间志愿者团队，他自任队长。从此，陈东有了自己的舞台，春夏秋冬，陈东在他的舞台上忙碌着、奔跑着、耕作着，滴下汗水，挤出时间，付出心血，这个高大、帅气、阳光的大个子身影，活跃在社区、人家家里、博物馆等公共场所。

画面一：秋天，自学考试开始了，陈东和几个志愿者陪着残疾人小朱进了考场。天空下着细雨，陈东一面为小朱打伞，一面帮他推着轮椅，陈东说："小朱你不要紧张，你能行的。"小朱知道，为了他的自学考试，东哥先是联系了自考点，帮他把座位从三楼调到了一楼，又因为平江路上河桥众多，东哥把小朱的考试线路提前走了几遍。小朱安心地走进考场，身后是东哥和他的志愿者们炽热的目光。

画面二：陈东在小区里帮老人量血压，测血糖，建立健康台账，每个好婆阿爹的小毛小病都装在他脑子里。"张好婆，你血糖高，无糖奶粉我帮你买到了。""史伯伯，最近血压有点高啊，小酒不要喝了，停一阶段吧。"

画面三：苏州博物馆，烈日炎炎，人头济济，人们簇拥着陈东，听他讲述博物馆内那些藏品的前世今生。这也是陈东妻子虽不在现场却最熟悉的画面。因为从小喜欢历史，陈东当上了苏州博物馆第一批志愿者，说起初衷，陈东归纳为五个字：传播吴文化。

传播吴文化，首先要有文化。为了当好苏博志愿者，陈东开始了新一轮"充电"，博物馆里，每一件藏品的来龙、去脉、特点、特色，甚至它们背后时而惊艳时而惊悚的故事——比如，明代龙钩和现代帐钩的区别，比如唐寅画和仇英画，虽是一样的文人画，风格却全然不同，这些讲解都需要丰富的常识和知识去做底。陈东算过一笔账，如果人前要背诵一万多字的材料，那么人后就要做好七万多字的准备工作。陈东妻子双休日常常看不到丈夫的人影，儿子则常在半夜醒来，看到父亲伏案劳作的背影。

陈东，在苏州博物馆的舞台上，热情流溢，尽情挥洒，凭着爱，凭着一颗感恩的心，他扮演着众多角色：有时是全程展厅的讲解员，有时是大厅引导员，有时是社会教育者，有时是古籍整理者，有时又是图书编辑，有时是观众问卷调查者，有时是社区讲座的志愿者……有一天，他帮助了一个聋哑人，他用手语熟练地打出要讲解的内容，流畅又准确。童年记忆闪电般的强势回归，陈东感觉到满满当当的爱，爱就一个字，手语说：用双手合成一个心形。

据统计，陈东每周利用业余时间为苏州博物馆义务服务 5.5 个小时，八年累计 1693 个小时，是苏州博物馆志愿者中服务时间最长、服务质量最佳者之一。

在长期做苏州博物馆志愿者的过程中，陈东琢磨出了"上下左右顺时针"博物馆观光顺序的七言宝典，从童年的小巷舞台到青年的博物馆舞台，陈东渐渐形成了自己的理念：爱心没有终点。

追光灯照着舞台上的陈东，所有的一切都安静下来，只有馆藏品散发出隔世的光彩。讲解时，陈东是静心的，一份超脱于浮躁之上的静谧情怀，一种身处喧嚣却超然世外的自由心境，他懂得感恩，他快乐而盈满。

壮年，贵州绚丽的五彩梦

陈东的人生波澜壮阔，一下子就到了壮年，陈东有了自己的孩子，有了孩子的陈东，依然忘不了儿时父母的叮咛：爱，感恩。三十九岁的陈东，做一个志愿者已经成为他日常生活的一部分，不可分割的重要部分。吃过的东西，爱过的人，读过的书，都已构成他的骨架，那就是：感恩、志愿，从我做起，爱心没有终点。十多年来，陈东先后获得"中国首批优秀五星级志愿者""首届中国博物馆十佳志愿者之星""江苏省首届十大杰出志愿者""苏州市青年志愿者明星""苏州供电公司十大优秀青年"等荣誉称号。

苏州博物馆的这个舞台已经不能满足陈东，他的内心渴望着更大更开阔的舞台。苏州供电公司助学贵州山区孩子的"五彩梦"应运而生，作为该组织的创办者之一，陈东提出专业助学——借鉴苏州博物馆等优秀社会公益组织模式，通过队员招募、按月考核、项目运作的方式形成了一支由七人组成的核心专业运作团队。

"五彩梦"是感恩、快乐、美丽、健康、希望，黑、红、黄、紫、白的"五彩饭"是贵州少数民族用来招待最尊贵客人的饭食。

出发去贵州的前一天晚上，陈东却一点思路也没有。他反复看老大哥们在贵州讲课的录像，又读了几本相关的书，还是找不到教学的抓手，怎么办？时间一分一秒地过去，突然他想到了刚上小学四年级的儿子，他问儿子："你将来的希望是什么？"儿子一口气说了十个希望，科学家、老师、宇航员、医生等等。受儿子启发，陈东连夜赶做了一幅招贴画带到贵州。看到画，孩子们沸腾了：树干是光的，便笺纸做成的树叶可以填写任何一种希望。90%以上的孩子填写的是老师，他们接触最多的人。只有两个孩子，一个填的是宇航员，另一个女孩子填的是歌唱家，这个说"我要唱给大山听"的孩子，让陈东感到肩上沉甸甸的分量，他找到了一种大爱。陈东站在贵州山区小学这个简陋的舞台上，望着树干上满满的希望的树叶，他动情地说："孩子们，理想和希望是人生的太阳。"

从三个孩子的零星帮扶到完成一所学校的一对一完

全结对，从给孩子们买笔买书到捐赠第一台投影仪，从建成第一口水窖到解决全校饮水问题，从建成第一支"欢乐手鼓队"到国家电网的"希望来吧"，陈东一步一个脚印地走着，不慌不忙。星星之火，可以燎原，十年如一日坚持做志愿者，陈东不离不弃。他的舞台越来越大，他的儿子也加入了进来：手鼓队、"乐助"慈善会，心心念念贵州小朋友，甚至，父子俩开始了做好志愿者的比赛。

年华流逝，雕刻时光，陈东一路向前，寻找着他人生的舞台和梦想。又要说到国网公司的企业精神："努力超越，追求卓越。"不忘初心，是为了更好地用心。陈东是一个普通人，他沉稳地站在《雷雨》舞台上尽心地演着鲁贵，暖黄色灯光映衬着他。因灯光的缘故，他的脸黑红；因灯光的缘故，他的心健康；因灯光的缘故，他心底的世界宽广无比。

孙洁的春夏秋冬

孙洁，国家电网苏州供电公司营销部优质服务专职。在她的头顶，有着诸多光环：国资委优质服务先进个人、国家电网优质服务先进个人、江苏省十佳文明职工、江苏省五一劳动奖章获得者、江苏省电力公司"爱心标兵"、苏州"最美人物"。而此时，她正安坐着，在回忆，在叙述，在沉思。她时而露出明朗的笑容，时而又沉浸于追忆往事的忧伤中，眼里泛起薄雾……

在孙洁身上，有太多的故事，太多的侧面，犹如一个人伫立于树下，四季轮回，时而绿荫满地，时而花雨缤纷，却看不清时光走过的样子。那么，慢慢来，看到什么说什么。

主人公：孙洁，女，1966年8月出生，国网苏州供电公司营销部优质服务专职。

主要荣誉：国资委优质服务先进个人、江苏省十佳文明职工、江苏省五一劳动奖章获得者、苏州"最美人物"。

春：从心出发

一天，一位五十来岁的阿姨来营业厅投诉，愤愤地说多收了她家 50 块钱电费，要求退还。孙洁问她怎么算出来多收了？她说每天上下楼梯路过电表都会记一次，孙洁听了很惊讶。当时恰巧是过年的时候，孙洁耐心对她解释说："天冷水温低，电热水器多用几十度也正常。"不料她说："不，我不用电热水器，都是花一块钱到单位去洗的。"孙洁心里暗暗叹了口气，于是就约她到实验室亲自看看电表有没有误差。

那天约了去实验室时，那位投诉的阿姨带了个孩子，说是她妹妹的小孩。那个小孩不言不语，看样子也就两岁多。面对孙洁的疑问，投诉的阿姨说，她妹妹未婚生子，出生时因为难产孩子又成了脑瘫，她看着可怜，就帮着照顾她们母子。但她家每月收入才 2000 多元，还要还供女儿上大学的贷款，一家五口日子很艰难，家里水电气不到万不得已不用，能省则省。孙洁听了心里很不是滋味。

更让孙洁难受的是，经计量实验室校验，显示投诉人的电表一点问题也没有，那个投诉的阿姨一听结果，两行眼泪止不住流了下来。孙洁不忍心看，内心翻江倒海。送她到家时，孙洁掏出 100 元钱交到她手上，说这是自己的一点心意，给孩子买点东西。投诉的阿姨推了一下，低头收下了。突然，她对转身而去的孙洁说："谢谢你，你是好人。"

在回单位的路上，孙洁心里感慨万千。她想到，营业厅经常会遇到一些投诉，表面上为些琐碎的事情烦，其实背后都有他们在生活、工作等方面的压力和不顺。孙洁开始思考什么是真正的优质服务，她终于彻悟，简单说就是两个字："理"与"情"。处理问题须理性，要站在公司利益和岗位职责的立场，按章执行，依法办事；而解决问题，要用一个情字，设身处地从客户需求出发，耐心倾听，感同身受。

夏：匆匆的脚步

这是一个初夏的午后，孙洁和"韩克勤党员服务队"的另两个成员来到顾兴泉家上门服务。眼尖的孙洁发现客厅吊灯上两颗小灯泡不亮了，她二话没说，找了个椅子登上去，三下两下灯亮了。顾兴泉一看乐开了怀，他说："我年纪大了不敢爬高，现在有了小洁，就像多了一个能干的女儿。"

是啊，多年的职业生涯，已让孙洁感性与理性兼备，在繁忙的工作中学会了身手敏捷去处理各种事务。2006年，孙洁调到营销部优质服务专职岗位。就在那一年，苏州供电公司首推了"亲情电力进社区"活动，以"亲情"来表达服务特色，迅速打开了工作局面。在不断地实践和探索中，2013年孙洁和党员服务队首创"亲情电力云服务"模式，将"为群众服务、让群众满意"作为目标追求，以共产党员服务队进社区服务居民为切入点，通过云端点对点实时互动，处理问题更有针对性、差异化与智能化，省掉了许多无谓的奔波，服务效率得到了极大的提高。2015 年，此项工作模式荣获第二十一届国家级企业管理现代化创新成果二等奖。现在，这个带着人情味的工作模式，已全面覆盖苏州市 5 个区 28 个街道 284 个社区。

工作面扩大了，孙洁的脚步自然更快了。有一次，石路南浩街区域按照计划时间停电检修，没想到小区里有位重病老人需要使用电动吸痰机。面对突发情况，孙洁匆匆跑步赶到小区，边跑还边打电话联络。5 分钟后，她跑进小区，跑进老人的家里；14 分钟后，经过她的协调，一台便携式发电机抬到现场。老人的痰吸出来了，呼吸顺畅了，孙洁的一颗心还在怦怦跳，她真怕万一来晚了……

匆匆忙忙，只为心系居民。为此，孙洁于 2005 年学习心理学，次年获得国家二级心理咨询师资格。在以后的日子里，孙洁更加如鱼得水，她把心理学知识用在工作中，用行动践行着国网人"你用电，我用心"的承诺。

秋：为了那些孩子

有人问孙洁，别人赚钱上瘾，你怎么当志愿者也会上瘾？孙洁笑而不答。2012 年，国网苏州供电公司成立了"五彩梦"志愿者小组，孙洁率先加入其中，成了小组里的骨干成员。

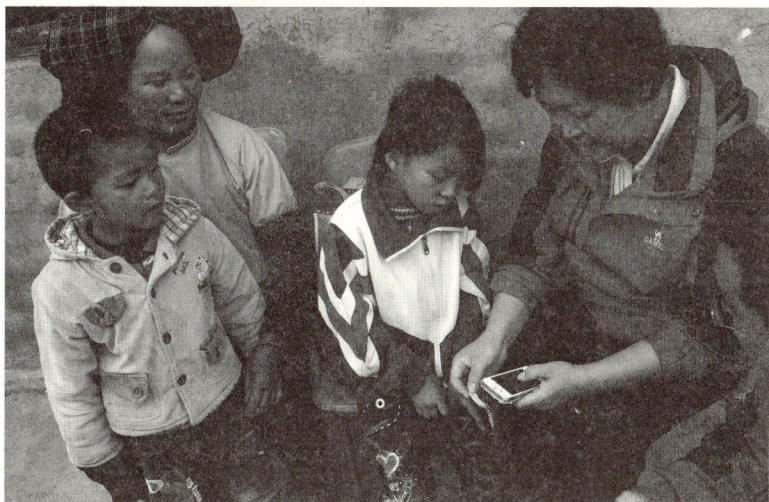

2014年初秋，"五彩梦"志愿者小组筹备去贵州纳翁卡务小学助学。就在临出发前一周，孙洁的父亲病倒了，为了照顾年迈的父亲，她不得不取消行程。一边是父亲，一边是大山里的孩子，在医院照顾父亲的孙洁心挂两头。当父亲的病情出现好转，孙洁喜出望外，连夜订了飞往贵州的机票。一路奔波，孙洁以最快的速度与"五彩梦"志愿者小组的伙伴们会合。赶到目的地后，孙洁顾不上休息，为孩子们开展了"房树人"的绘画心理游戏，并为孩子们建立心理健康档案。在贵州的日子里，孙洁的一颗心时为孩子的生存景况担忧，只想以一己之力多为孩子们做点事。

在紧张的行程中，孙洁与同伴们挤出时间，又马不停蹄走向大山深处。在一个山村里，孙洁看到一个9岁的女孩独自生活在一所房子里，她的父母都在外打工，奶奶虽住得近，但也不与她同住一屋。看到这个女孩孤零零的样子，孙洁的泪水在眼里打转。尽管她和同伴给女孩送上了书包和苏州土特产，但孙洁总觉得女孩更需要些别的东西。当得知为了省钱，这个女孩的父母一年中只在除夕来一个电话时，孙洁便问女孩要了她父母的电话号码，用自己的手机拨通了女孩父母的电话。当女孩对着电话眼睛发亮喊爸爸妈妈时，孙洁心里百感交集。

除了远方的孩子，孙洁也牵挂着许多本地的孩子。孙洁是韩克勤党员服务队的一员，她经常走访看望18户贫困家庭。2007年，孙洁了解到在平江历史街区有一个特殊家庭，一位单亲妈妈带着年幼的双胞胎儿子艰难度日，心里便起了要去看一看的念头。当踏进只有二十来平方米的房子，看到他们一家三口挤在一张床上，桌上只有两碗清简的素菜时，孙洁心里一阵酸楚。于是，孙洁发动党支部成员捐款为孩子买了一上一下的高低床；听说孩子一周才吃一次肉，孙洁他们送上几十斤肉票；为了孩子的学习，孙洁又安排了单位里的大学生志愿者辅导功课。现在，两个孩子已上初中，但孙洁依旧与这一家人保持着密切联系，关心着他们……

冬：以情慰人

"你好，我是'苏老师'，请问有什么可以帮你的吗？"冬天的夜晚，孙洁又在自家书房的台灯下，轻声细语地接听"苏老师"热线电话，为那些困惑的父母与孩子进行心理疏导服务。2006年，在拿到"国家二级心理咨询师"资格证之后，孙洁随即加入了苏州未成年人心理健康指导中心，成为首批"苏老师"志愿者团队成员。从此，她成了孩子们心中温柔的"苏老师"，十年来，累计服务2000多小时，服务上千人次。

除了晚上，孙洁还经常利用休息天参加"苏老师"系列公益活动。她参与敬老院结对和福利院结对活动，每月为老人开展团体活动，与孩子们开展游戏治疗。同时，她还是姑苏区沧浪街道社区心理健康志愿者，为社区孤寡老人开展入户访谈，为有需要的老人开展"一对一"心理咨询服务，为社区居民开展心理健康讲座等。十年来，孙洁除每周固定两次深入社区外，还利用业余时间和节假日为社区居民排忧解难，累计开展志愿服务710人次，开展用电宣传83次，解决居民电费问题310次，义务为居民客户安全用电检查189户。

去年，在冬天即将过去的一天，孙洁来到彩香新村82岁的孤寡老人殷桂珠家里。看到殷桂珠失神的双眼总是望着墙上老伴的照片，孙洁坐到老人身边，一边用掌心搓揉着老人冰凉的手，一边和老人拉起家常。孙洁抚摸着她的后背说："老先生在世的话肯定希望您身体好，自己照顾好自己。"离开后，孙洁便和社区书记朱小惠商量，过两天上门用心理学中格式塔流派的"空椅子"方法，让殷桂珠老人宣泄压抑的情绪。一来二去，孙洁传授的心理学方法果然起了作用，殷桂珠慢慢地从哀伤情绪中走了出来，脸上有了春天般的笑意。

伴随着多年的辛劳，荣誉也纷至沓来。许许多多的社区居民一见到孙洁，就亲热地称她为"小巷总理"；许许多多的孩子心怀感激，依恋着这个短发、大眼睛的孙洁阿姨。对此，孙洁保持着难得的清醒。她爽朗地说："俗话说赠人玫瑰手有余香，其实我觉得，在帮助人的过程中我比受助人更受益。"孙洁的一言一行，无声地告诉我们人间自有大爱。

因为爱，四季有情，万物花开。

一诺千金十二年

十二年的时光并不短暂，一棵幼苗能长成枝繁叶茂的大树，一个婴孩会成为风姿翩翩的少年。而对胡尉斌来说，过去的十二年，那两个没有血缘的同学父母，在年复一年的相处中，早已成为自己的亲人。时不时，胡尉斌会想起他们，打个电话问候一下，或者下班后先去看看他们，这已经成为胡尉斌十二年来经常做的事。

　　这一切，源自十二年前他对同学的一句承诺。一诺千金，从此，胡尉斌义无反顾地踏上了照顾同学父母的漫长之路。过去，现在，将来，他说他会一直这么走下去。

　　说起当年的承诺，说起照顾同学父母的事，胡尉斌对别人的赞赏表现出不好意思。他说："很正常啊，如果我不认识他们去帮助了十多年，可能我也会觉得自己有点了不起。可是，这是我最好同学的父母，我认识他们，他们对我也很亲，真的很正常啊。"

　　很正常。在胡尉斌看来，做人就应该这样，重信、守义，作出了承诺就要兑现。他是这么想的，也是这么做的。

国网苏州供电公司好人故事

　　主人公：胡尉斌，男，1972年2月出生，国网苏州供电公司营业及电费室高压运检班运检工。
　　主要荣誉：苏州市精神文明建设十佳新人。

"我会替你尽孝！"

回忆起从前的点点滴滴，胡尉斌依旧为他的同窗好友小陈痛心，也为失去两个儿子的小陈父母感到悲伤。还在读小学五年级时，胡尉斌与小陈就认识了，那年他们并到一个班级读书，两人的家都住桃花坞附近，相距不远。每天放学后，胡尉斌经常会跟着小陈到离学校更近的他家去，与小陈和他的弟弟一起做作业、踢足球，在洗衣服的石桌上打乒乓球，也会在星期天相约去郊外的灵岩、虎丘爬山。天长日久，他与小陈的父母和弟弟都已十分熟悉，按胡尉斌的话说，就像自家人一样。

2002 年，小陈的弟弟突患重症肝炎住院，屋漏偏逢连夜雨，没多久小陈也被诊断出肝癌晚期。两个儿子同时患重病，让小陈的父母感觉塌了天，内心焦虑，慌了手脚。胡尉斌得知消息后，一次次去医院看望，帮着忙前忙后，同时安抚二老。危难时刻，胡尉斌成了这个家的支柱。

在小陈住院期间，胡尉斌为好友得了绝症忧心忡忡，想方设法抽空赶去医院，有时利用中午休息时间，有时下了班，只为陪好友说说话，为他做点事。小陈躺在病床上，深知来日无多，特别想和以前的同学们见个面，胡尉斌便想尽办法帮他完成这个心愿。其中有一些同学胡尉斌并不认识，也没有他们的联系方式，他就用休息的时间，按照大概的地址挨家挨户地去找。遗憾的是，等胡尉斌找到大部分同学时，小陈却永远地离开了人世。

一年之后，雪上加霜，小陈弟弟的病情突然恶化，转院到上海华山医院医治。此时，胡尉斌又挺身而出，代替小陈当起了"大哥"，陪着两位老人联系住院，帮着护理小陈。为减少老人的奔波之苦，也为节省他们的开支，胡尉斌与上海的姑妈商量，请求姑妈把一套离华山医院较近的房子免费借给老夫妻居住，善良的姑妈一口答应了。

陈家忙乱之时，正值胡尉斌的女儿出生没多久，家里也最需要他。但胡尉斌放不下小陈弟弟的事，仍然每个月去上海好几趟，看一看小陈的弟弟，力所能及地做些事。然而，所有的努力如石沉大海，小陈的弟弟也离开了人世。彼时，胡尉斌正在盐城参加培训无法赶回苏州，他心急火燎地打通妻子的电话，让她赶紧去小陈家帮着料理后事。痛心之余，胡尉斌为小陈父母深深担忧，怎么才能让接连遭受丧子之痛的小陈父母走出阴影呢？
胡尉斌培训结束一回苏州，就急着去小陈父母家，看
着小陈母亲一头青丝三个多月里全部变白，他心里暗
暗着急。

正如胡尉斌担心的那样，两个儿子的接连离去让小
陈父母濒临崩溃，他们无法走出丧子的阴影，一直把自
己封闭在家里，不愿与外人接触，也不愿与亲属交流，
身体与精神状态每况愈下。看到这样的情形，胡尉斌内
心被深深地刺痛，他不忍心看着两个老人就这么绝望下
去，在心里对已长眠的同学小陈郑重地许下承诺："我
会替你尽孝！"

乐乐的"高阿爹""高阿婆"

最初的两年里，胡尉斌心里惦记着小陈父母，几乎
三天两头就往两位老人家里跑，与他们聊天唠嗑。有时
忙于工作无暇探望，他就让妻子做好可口的饭菜送到老
人家里，与他们说说话，帮忙做些家务。渐渐地，小陈
父母情绪有所好转，可是细心的胡尉斌知道两位老人内
心依旧伤痛，并未真正释怀。

如何让两位老人走出阴霾，不要一直陷在孤苦之
中？胡尉斌想到了自己刚满2岁的女儿乐乐。有一天，
胡尉斌拿起手机，犹豫着给小陈父母打电话，他对小陈
母亲谎称自己今天很忙，妻子也要出门办事，能不能请
他们帮忙看管一天女儿？小陈的母亲一听立即答应，让
胡尉斌快把小孩送过去。胡尉斌心中一喜，这一招有用。

此后，胡尉斌常将女儿带到老人家里，请老人帮忙带孩子。小陈的父母身材都很高，胡尉斌的女儿乐乐每次一见到他们就天真地一口一个"高阿爹""高阿婆"，这让小陈的父母十分欢喜，终于露出了久违的笑容。因为孩子，老两口家里热闹起来，渐渐有了生气。为了陪孩子玩乐，他们走下楼，走进公园，走进人群，有了重新活过来的感觉。

一年又一年过去。现在，胡尉斌的女儿乐乐已长成了一个亭亭玉立的中学生，她口中的"高阿婆""高阿爹"也七十多岁了。那些年里，胡尉斌时常抽空去看看老两口，知道小陈父亲喜欢下棋，他就经常陪着下两盘；知道小陈母亲喜欢锻炼身体，胡尉斌就建议她去学打太极拳，后来小陈母亲果真去学了太极拳，还时常在电话里与他交流。胡尉斌妻子陈叶芳也是一个深明大义的人，她不仅支持胡尉斌照顾小陈父母，自己也常常从城北的家，骑电动车给住在城南的小陈父母送点生活用品和水果。开始的时候，小陈父母有些过意不去，让胡尉斌和他妻子不用经常来照顾他们。胡尉斌便对他们说："我父母和姐姐在美国生活，能多照顾一点你们，就当我在孝敬自己的父母吧。"慢慢地，小陈父母习惯了胡尉斌一家人的关心，而他们也会在风和日丽的日子，坐上公交车到胡尉斌家看看，就像到自己的儿子家串门。听着胡尉斌的女儿乐乐亲热地叫他们"高阿爹""高阿婆"，老两口喜滋滋的，真的把她当作了自己的亲孙女。有时，去胡尉斌家的时候，总会想着要带点乐乐爱吃的牛肉。看到小陈父母渐渐解开了悲伤的心结，健康宁静地生活着，胡尉斌终于放下了一直为他们暗暗担忧的心。

换个目的地

2014 年，两位老人考虑到自己年事已高，并且胡尉斌的女儿已进中学学业负担重，不愿意给胡尉斌一家增添更多的麻烦，打定主意卖掉房子，住进南园高架桥下的一所老年公寓。听到老两口的决定，胡尉斌没多言语，他想自己不能天天去，两个老人独住总归冷清，住进老年公寓可以省力些，也能少点孤独感。但不管住到哪，他都会像往常那样去看望他们，这是想都不用想的事。

从此，胡尉斌和妻子换个目的地，又往南园桥方向跑了。一次又一次的探望让周围的老人很羡慕，说这个儿子媳妇真孝顺。小陈母亲忍不住告诉旁人，她的两个儿子都不在了，这是大儿子的同学，已经照顾他们十多年了。听闻此言，老年公寓里的老人们都惊诧不已，说好多自己亲生的儿女都没这么孝顺，这样的好人好事应该表扬啊。小陈母亲被大家的言语提醒了，是啊，这么多年习惯成自然，自己和老伴早已把胡尉斌当成了自己的孩子，竟从没意识到应该赞扬。这么一想，小陈父母突然意识到，十多年来，胡尉斌所做的好事，真的应该让大家知道。于是，小陈母亲打通了苏州电视台的电话……

当电视台打电话找到胡尉斌说明来意时，这个默默无闻做好事的人却推托自己有事，婉言谢绝采访，他觉得很正常的事没必要宣传。拗不住电视台的执着，胡尉斌让妻子去接待了采访记者。尽管胡尉斌没出现在镜头里，许许多多的人却被他照顾小陈父母的新闻打动了。

看到电视新闻，苏州供电公司的众多同事才知道，营业及电费室高压运检班的胡尉斌是这么可敬可佩。

那年的岁末年初，胡尉斌以他感人的事迹，荣获2014年度"苏州市道德模范·精神文明建设十佳新人"称号。拿着大红的荣誉证书，胡尉斌依旧觉得不好意思，还是那句话，他觉得很正常。

一诺千金十二年。这就是胡尉斌，一个做了好事觉得本该如此的人！

紫苏叶之歌

　　2016 年初夏，大阳山，风景如画，一个年轻妈妈带着三个男孩子正在徒步，男孩子们笑成一团，鼓励着，叫喊着，向前跑去。徒步结束，年轻妈妈带三个孩子进了肯德基，孩子们又是一阵欢呼。一个老太问："这三个都是你的孩子？"年轻妈妈笑盈盈地说："是啊，都是我的孩子。"三个孩子一条声喊："妈妈，呜妈。"

　　年轻妈妈朱惠琴心脏那里又是妥帖又是疼痛，从肯德基出来，她开车送两个孩子回家，最后才带着自己九岁的儿子离开。

　　紫苏叶之歌唱响——这是朱惠琴若干休息天中的一天，也是她众多公益活动中的一项。来，我们慢慢走近朱惠琴，倾听她做梦、造梦、圆梦的故事。

主人公：朱惠琴，女，1980 年 2 月出生，国网苏州供电公司
浒关供电所营销员。

主要荣誉：苏州好人、苏州市十佳青年志愿者、苏州市好青年。

故事一：鸣妈，有你的天空星星都亮了

2010 年的一天，苏州供电公司浒关供电所职工朱惠琴来到浒关培智学校，为小朋友作用电安全知识讲座。课堂里座无虚席，智障孩子们在走廊里跑来跑去，兴奋得已毫无章法。朱惠琴观察到一个角落里有个孩子妈妈，哭喊着："我不要他回家，太坍台了。"而那个智障孩子睁着一对眉心宽宽的眼睛，无辜地看着妈妈。

这一幕深深地触动了朱惠琴，联想到自己才四岁的被幸福包围的儿子鸣鸣，一种责任感油然而生，有一些模糊的想法同时涌上心头。接下来，讲课、做游戏、吃小点心，那些智障孩子的笑脸一直在她眼前挥之不去。

有所想有所思的朱惠琴，回家匆匆拟了一个草案，那个智障孩子的眼神，让朱惠琴感受到了一个弱小心灵的隐秘渴望，从此，朱惠琴走上了慈爱之路。先是做调查，她深入贫困家庭、福利院、敬老院等地，收集材料、数据，再是行动，组织爱心义卖、爱心义演、爱心捐衣等公益行动。即使这样，朱惠琴还觉得不够，她找了一个贫困家庭结对——与奶奶相依为命的陶陶。

朱惠琴每逢节假日或周末，都把陶陶接出来，和自己儿子一起做功课、吃饭、玩乐。逢年过节，朱惠琴给儿子和陶陶每人一份礼物。心到才能眼到、手到，朱惠琴与人为善，奉献爱心，她的内心完满、富足、从容不迫，她不经意或刻意地把母爱洒向陶陶，在陶陶七岁记忆里，一副手套、一件新衣、一张电影票、一本图书、一碗生日面，都见证了朱惠琴"不是妈妈胜似妈妈"的人间真情。

呜妈，你看，有你的天空星星都亮了。

天空下，还有一个白血病儿童在仰望着星星。小东栋是浒墅关中心小学三年级的学生，去年3月被确诊为急性粒细胞白血病分化症。朱惠琴率领的"爱心妈妈团"通过浒墅关镇团委，引导全镇各小学的孩子到广场上为小东栋展开爱心义卖。朱惠琴说，当天一共有100多个摊位，一些没有报上名的孩子只能在摊位边上临时摆摊。

朱惠琴是浒关人，是浒关供电所的营销员，本身做的是优质服务、电力宣传安全讲座工作，手里有很多资源，心里也有很多想法。2010年时，朱惠琴的献爱心、参加志愿者活动只是一种个人行为，因为她是浒关人，活动范围也仅局限在浒关范围内，随着时间推移，朱惠琴身边的爱心妈妈队伍一天天壮大，爱心QQ群人数达到了1300多人。朱惠琴需要一个番号让公益事业走得更长远。2015年，她组织成立了"紫苏叶妈妈育儿社"，下设"紫苏叶育儿智慧学堂"和"紫苏叶爱心妈妈服务队"两个志愿服务团队。

它的主要服务项目是：婚姻家庭辅导、关爱农民工子女、关爱贫困儿童、关爱老人、关心环卫工人。

紫苏叶志愿服务队的LOGO做成两片紫苏叶，托着腮——印度先哲奥修说：能把自己仅剩的一碗粥全部给予他人的，是圣人；能把自己仅剩的一碗粥分出一半给予他人的，是好人。

圣人如太阳的光芒和月亮的清辉照耀我们，但高不可攀难以企及；好人则如绿野芳草旱地水滴，只要珍惜就可以亲近和拥有。自此，朱惠琴和她的"紫苏叶"事业一路向前走去。

故事二：紫苏叶，五彩梦，童眼中的世界很精彩

朱惠琴说，紫苏叶发表、散寒、理气、和营，不仅是一味好食材，更是一味极易被人忽视的好药材。尤其对孩子来说，有时候药效好过抗生素。紫苏叶功效丰富、意蕴深远，正如她想要传达给孩子们的爱一样深远。

朱惠琴说，"紫苏叶"与政府、妇联、团委、教委都有联系，具体的事情如前期策划、定活动主题、跑有关单位，都是她亲力亲为，好在妇联有贫困儿童名单，朱惠琴手里有众多的爱心妈妈，只要对接一下，搞活动时，汽车来回接送，孩子和大人们其乐融融，竟然完全没有陌生感。

有一天，朱惠琴在街上看到环卫工人缩手缩脚地在扫地，并用双手哈出热气揉搓脸颊，她的心为之一震。她跑到环卫所，悄悄做了功课，了解到环卫工人的最低工资标准，朱惠琴立即组织了一场"爱心小报童"义卖活动。朱惠琴的儿子也参加了此次活动，他兴致勃勃地上街卖报，大声吆喝；朱惠琴的先生也积极支持娘儿俩的行动，他买下儿子五份报纸；朱惠琴则因势利导，把儿子获得的捐赠证书贴在他的床头，以此鼓励。朱惠琴将当天所得的卖报善款全部购买了手套和口罩，带着孩子们，一起送到环卫工人手中。

为了紫苏叶公益事业，朱惠琴的时间达到了饱和状态，贴时间，贴精力，贴脑细胞。她说，业余时间太忙了，我没有自己的爱好。双休天，一天忙于公益事业，一天则要带儿子和两个缺失家庭之爱的孩子出去玩，大阳山徒步，看电影，吃肯德基，逛书店。

即便这样忙碌，2015 年 1 月，苏州供电公司"五彩梦"助学志愿者们计划募捐冬衣这件事，朱惠琴知道了，她悄悄地把需求短信发到五所学校的家长平台上："闲置的书、干净的衣物，请放在传达室，将你的爱送给贵州山区贫困儿童。"朱惠琴身体力行，捐赠了大量衣物和书籍，她每天送儿子上学、放学时，把各个学校捐赠的东西一点一点拖回家，短短的三天时间里，朱惠琴们共捐得孩子冬衣 20 箱、880 余件，图书 12000 册，苏州紫苏叶的清香缓缓飘到了贵州山区。

朱惠琴说，公益事业坚持做是很难的，好在我后面有一个强大的平台，像"五彩梦"捐赠活动，就有很多人记录、买纸箱、捆扎、打包、运输等等。

朱惠琴还组织策划了"童眼看新区""玫瑰送妈妈"等活动。朱惠琴动情地说："作为一个妈妈，我就是想帮助这群孩子。"孩子，朱惠琴愿意变成童话里你爱的那个天使，张开双手变成翅膀守护你。

故事三："老娘舅"的爱心，幸福快乐是结局

回望过去的岁月，常常会感慨时光流转，飞逝如电。一些人物一些事情一些场景，甚至，被岁月覆盖的从前花开，好像过电影般的在面前走过。感叹时间坚硬的同时，更惊奇细节真实的力量。

时间里，朱惠琴获得的荣誉告诉我们，她在迅速成长：苏州市级好青年，苏州供电公司优秀共产党员、优秀共青团员、十佳社区客户经理志愿者，部门优秀共产党员、先进生产工作者等。

时间里的朱惠琴一路走来，觉得父亲给她的影响最大，父亲是老三届、老党员，为人正直朴素，一直教育她要做好事做好人，朱惠琴她的家风纯正。

家庭是社会的细胞，而人是组合无数细胞的那根链子。有一天，高新区民政局找到朱惠琴，想请她做一个项目：婚姻辅导。鉴于现代人离婚率高，而一个家庭破裂的直接受害者往往是纯真且无助的孩子，朱惠琴思考了几天，组织起一支17人的志愿者队伍，其中有教师、

医生、公务员、律师、企业干部等，他们每天到区婚姻登记处轮流上岗，担任"老娘舅"角色，为意欲离婚的夫妻做调解。办公地点放在离结婚办公室边上，签订好保密协议后，本着传统的"劝和不劝散"原则，采用登记表及"轧苗头"的方式，从孩子的角度，尽量劝解欲离异的夫妇们。这些25到40岁之间非理性的、冲动型的、头脑发热的夫妇，常常被劝解人员说得热泪盈眶，这时，劝解人员点到即止，见好就收。一年多来，他们调解95对夫妇，成功62对，成功率是65.26%。"老娘舅"的爱心付出，让孩子们的童话有了一个幸福快乐的结局。

朱惠琴尽管忙，尽管时间安排不过来，但若有需要，她一定会去做。2015年3月，苏州浒墅关经济开发区党工委找到她，专门成立了"紫苏叶党支部"。形式上，朱惠琴采用"党建＋公益"的工作方法，在每次志愿者服务前，让她的支部与被服务单位支部对接，如清明节时，朱惠琴带领紫苏叶团队成员提前策划了一个"动动小手做青团"的亲子公益活动。购买原料，寻找活动地点，联系青团子手艺传承人，最后，做好的青团子送到了阳山敬老院。

晨与暮、动与静、光与影、情与爱，如涓涓小溪在人与人之间流淌。爱心是一片云彩，爱心是一张绿叶，爱心也是摸得着的灯火，爱心更是看得见的星辰，仿佛你、我、他，你们我们他们的心思，生长着，飘逸着，从容淡定，细水长流。

此时此刻，朱惠琴和她的紫苏叶之歌骤然唱响。

一个抄表员的情怀

　　吴坤林，一个普通人，如果丢在人群里随时会被淹没；普通人吴坤林，他还低调，在如今这个人人爱表现的年代，有点吃亏；吴坤林，他的职业是吴江盛泽供电所的一名抄表员，除了每天上下班，抄表，收费，跑用户，平时生活也是稀松平常，已做了阿爹的他，其乐融融，幸福指数爆表。但是，就是这样一个普通的抄表员，一个低调的、年过半百的人，却做出了一个惊人举动：跳水救人——跳的是 12 月冰冷的河水，救的是和他年龄相仿的农妇。

　　不可思议的故事背后，却是吴坤林一颗火热的心。

　　主人公：吴坤林，男，1963 年 11 月出生，国网苏州市吴江区供电公司盛泽供电所抄表员。
　　主要荣誉：苏州好人。

国网苏州供电公司好人故事

上班早一点，下班晚一点

有些事有些人，初见是一，二见是二，再见是三，但吴坤林不是这样的人，初见是一，二见是一，再见还是一，他是一个实在人。白天忙工作，全心全意；晚上忙家务，一门心思。自 1999 年进入吴江坛丘供电所，成为抄表班的一员，吴坤林就养成了一个习惯：上班早一点，下班晚一点。

不要小看了这个"早一点"和"晚一点"，吴坤林每天早晨去上班，早一点，班组其他人还没到，他这里摸摸，那里擦擦，泡泡水扫扫地，做一些准备工作；下班了，晚一点，同事们都走了，他习惯这里看看，那里望望，最后一个人走时再关电关灯。

一个普通的抄表员，没做什么轰轰烈烈的事，却维系着千家万户的用电生活，吴坤林坚持了将近二十年这样的工作。不管寒冬还是酷暑，都爬杆检查设备；无论刮风还是下雨，都骑着摩托车挨家挨户抄录数据……

从 2013 年开始，吴坤林负责东港、大东和杨扇三个行政村、50 个台区、2200 多家用户的电表维护和电费收缴工作。抄表班班长施月明说："到了含饴弄孙的年纪，老吴却闲不住。"吴坤林每天的工作是这样的：到办公室，打开电脑审查智能电表提交的成千上万数据，对台片中客户用电量进行分析，进行线损管理。

如果有数据采集不对，老吴就要去现场查看，每天至少有四五个地方要去查看、整修，周末也不例外。越是阴雨天气，采集到的信号就越差，抄表员就越需要到现场去，吴坤林从不推迟。

盛泽地区配电共有 1500 多台片，线路公里数达765.63 公里，电量电费超过 50 个亿，是吴江的第一用电区镇。老吴和其他 21 位班组成员承担起了这项护电重任中最吃紧的一项。

抄表催费工作时总会吃到"闭门羹"，但吴坤林凭着自己的真诚和坚持，赢得了客户好评。

吴坤林人很好。

小吴非常认真！

吴师傅蛮热情的。

这是用户们给他的评价。吴坤林对于工作的认真、踏实、实干精神，随着他每天的行走、抄录、宣传，蔓延到大街小巷、田间阡陌，辐射到他管辖的每一户人家。

吴坤林管辖的杨扇村里，有位孤寡老人陆大爷，年纪大，出行不便，还不会使用银行卡，缴电费对他来说比登天还难。吴坤林每个月都会去看老人，帮他检查电表、电器，帮他缴电费，再送回发票。更多的时候，吴坤林会陪着陆大爷聊天，给他讲外面的世界，给他买甜的咸的吃物，吴坤林说自己有老人缘。

陆大爷逢人便说："小吴像我自己的小孩，不，小吴比我自己的小孩还要亲。"

五分钟，救人瞬间

已经做了阿爹的吴坤林，常常下班后抱着十八个月大的孙子，在村里溜达。吴坤林很享受当下平常人家做做吃吃的生活。如果不是 2015 年 12 月发生的一件事情，吴坤林所向往的低调生活会一直保持下去，直到退休。

借助时光这部神奇的机器，让我们回到 2015 年 12 月 15 日，一个平常的日子，一个不寻常的故事。

2015 年 12 月 15 日，寒风刺骨，河面上似乎结着薄薄一层冰。这一天，吴坤林和同事小谢刚刚完成抢修任务，去往东港村苏家埭催缴电费。小谢开车，吴坤林坐在副驾驶位置。车子刚进村口，吴坤林隐约听到有人在呼救。"出什么事情了？谁在呼救？"在盛泽供电所一线工作多年，吴坤林早已养成了随时待命的习惯，他本能地紧张起来，一面搜寻着呼救目标。

老吴看到了，村头一条丁字形的河浜里，漂着一只老式马桶，边上还隐约飘着一团花白的东西，时沉时没，好像是个人。这时，小谢停车，老吴一下子窜出驾驶室，凭着经验，他感觉有人落水了。老吴一边跑，一边脱下外套和鞋子，还不忘对小谢说："我下去，你去村里喊人。"

五分钟，老吴从温暖的驾驶室里出来，观察，奔跑，脱衣脱鞋，吩咐小谢喊人，再跳进冰冷且刺骨的河水里，前后一共用了五分钟。

老吴说："不容我多想，当初只有这些时间，五分钟。"

五分钟，能够做什么？喝一杯茶，打一个电话，抽一枝烟，看一个电视画面，从二楼上走到一楼——似乎都不够五分钟。现在，吴坤林面对的是一个鲜活的即将沉没的生命，五分钟足够了，吴坤林刚跳下水，寒冷一下子像黑暗一样包围住他，他觉得有一种透不上气的窒息感觉，下意识地，他的皮肤开始收缩，牙齿打颤，浑身骨头酸痛，打着可怕的哆嗦，手脚也像突然不听使唤了，只有眼睛却比任何时候都亮，他一下子抓住了落水农妇，想把她拉起来，但似乎她不肯配合，身子还在不断往下沉，吴坤林感到寒气逼人，怕她坚持不了多少时间。他又换了一招：用尽全身力气，把农妇拼命往岸边推去，一米，两米，三米，农妇被老吴推着，离岸边越来越近，终于，岸边有人伸出手，农妇得救了。

吴坤林浑身湿透从水里爬起来，他重新坐回副驾驶室，像是从来没下过水的样子。老吴对小谢说："不要告诉我老婆，就说车子翻到河里了；也不要告诉同事，谁看见了都会下去救的，不值得说。"

刚开始时，河边没有一个人，等到把农妇救上来，河边一下子站满了人，有看热闹的，有相帮拉农妇的，有打电话到电台、报社、电视台的。事后，吴坤林感慨地说："社会风气还是蛮好的，人人都想帮忙，尽自己的能力帮助别人。我当时救人完全是本能反应，能想到的就是我会游泳，我要去救人！"

救人事件后续

一向低调、话少的吴坤林，因为冰河救人一事，被人从幕后推到了舞台前面，他很不适应，走路时会被人认出：看哪，就是那个大叔，跳下河救了一个农妇；工作时会被某个媒体叫去采访：老吴同志，请你谈谈救人时的心理活动；在同事们中间，吴坤林的行为更是成为一种美谈，巧合的是吴坤林救的人是同事的姑姑，一个没有小辈的孤寡老人。得知老人被救，老人的亲属拎着大包小包礼品和现金，上门去看救命恩人吴坤林。吴坤林一一谢绝，吴师傅说："我不是因为要东西才救人的。我救人不是为了图感谢、图钱财，我只是做了我应该做的事情。"

不善言辞的话语，低调不张扬的性格，该出手时就出手的敏捷身手，事后谢绝赞扬和礼物，这就是我们的英雄吴坤林。

令人感动的一幕发生在当天下午，吴江电视台一帮编导听说此事，带上吴坤林一起去落水农妇家采访。一踏进家门，平时脑子很慢、基本不认得陌生人的农妇，手指吴坤林，"噢噢噢"地叫喊着，眼睛里全是泪水：她认出了她的救命恩人。这一幕被电视台抓个正着，吴坤林却感动地想：幸亏当时自己当机立断，没有思前想后，只有一个跳水救人的念头，这是一个生命啊。

受救人事件的感化，东港村的缴费困难户王先生第二天找到吴坤林，将他被催讨了十多次都没有缴的电费缴清了。王先生说："我是跟租户预收了房租来交的，就冲他的见义勇为。老吴不容易啊。"

仔细分析，吴坤林救人有几个不容易：年龄上他没有优势，一个做阿爹的人，五十三岁，年过半百，救人瞬间，吴坤林几乎来不及考虑自己的年龄。这一点，他说，有点后怕。小时候倒是一直在河浜里玩水，工作之后从来没下过水，对于将近二十多年没下过水的"旱鸭子"来说，要立即跳入水中，不容易。第二是天气，12月，零下二度，阴天，河面上结着一层薄冰，人走在路上，穿着厚厚的羽绒服，也冻得缩头夹颈，吴坤林当时的选择真的不容易。第三个不容易是，吴坤林不是本村人，事后他才知道，他跳水救人的河道深达四米，河流湍急，而且落水的农妇脑子有点不正常，所以他拉她，她不配合，后来吴坤林改为用力向岸边推她，才慢慢把她推到岸边。

吴坤林还有一个最大的不容易，这个最大的不容易竟然是一个秘密，这秘密只有吴坤林老婆知道，儿子媳妇也未必清楚。

吴坤林有肾病，LG肾病。体检时查出来的，这肾病跟了他十几年，平时没啥感觉，稍微累着了，脸面和脚会肿，最烦人的是一直有血尿和蛋白+，时好时不好，时断时续，虽然不影响工作，但老婆说："你这么大年纪了，自己不晓得自己，下水救人，万一起不来怎么办哪？"

吴坤林笑笑说："哪有那么多万一？当时情况急嘛，前后五分钟时间，我要跑步，要脱外套，还要观察，时间紧，我没想那么多。"

五分钟，救人瞬间，吴坤林脑子里只有一个字：快！

老婆眼泪汪汪地说："你就不想想自己有肾病？"吴坤林拉着老婆的手说："我当时想的是一条人命，其他真的什么也没想。换了别人，也会像我这样做的。"

浑身充满正能量的吴坤林，默默地做着他"上班早一点，下班晚一点"的抄表员工作。灿烂星空，谁是真的英雄？平凡的人给我们最多感动。吴坤林，一个抄表员临危不惧、见义勇为、舍我其谁的情怀，令我们久久感动。

『老兵』新传

6月，天空中弥漫着黄梅天燠热的气息。在昆山玉山福利院，40岁左右的孤残妇女谢阿妹（化名）半靠在床上，一条薄被单遮掩着她因车祸造成双腿高位截肢的躯体，她扭过头朝窗外张望着，不去理会福利院护工洗脸擦头的招呼。同屋的老太太对谢阿妹说："'老兵'阿哥今天可能忙，你别等了。"谢阿妹不吭声，眼睛依旧朝窗外张望。

谢阿妹一心要等的"老兵"阿哥不是别人，他就是退役四十年、在昆山市供电公司检修岗位上工作了三十余载的退休职工刘昆堂。自从十年前加入昆山义工联合会，刘昆堂业余时间经常跑前忙后地为义工联工作，当大家问他怎么称呼，他总是谦逊低调地称自己是"老兵"。天长日久，刘昆堂就成了昆山市义工群体中人人知晓的"老兵"。

主人公：刘昆堂，男，1954年8月出生，国网昆山市供电公司变电二次检修班退休员工。

主要荣誉：苏州好人、国网江苏省电力公司2016年度"老有所为标兵"。

谢阿妹的"好阿哥"

谢阿妹是个苦命的女人，早年因车祸导致双腿高位截肢，生活完全无法自理。她的双亲已离开人世，身边也没有一个可依靠的亲属，孤身一人常年住在玉山福利院。平日里，虽有福利院的护工为她洗脸，也顺便用毛巾擦一下头发，但由于福利院人手少，谢阿妹已有半年多没洗过头了。寒冷的冬天还好，但一入夏，气温一升高，谢阿妹长时间没洗的头发便散发出不洁之味，还打了结，像脏乱的稻草。

作为昆山义工联内当家的"老兵"刘昆堂了解这一情况后，对谢阿妹的境况十分同情，随即组织女子义工队，来到玉山福利院为谢阿妹定期洗头。记得第一次为谢阿妹洗头，"老兵"刘昆堂端来一盆温热的清水，然后叫上四名义工，两个抱住谢阿妹，另两个义工帮着洗头。脏乱的头发一遇水，更散发出阵阵异味，"老兵"刘昆堂与其他四人忍着因异味引起的不适，帮谢阿妹一遍又一遍洗着头发。眼看着满满一盆清水，慢慢变成一盆浊水，在换了一盆又一盆之后慢慢变清；眼看着打结的头发，经义工们一次又一次用手指一点点捋顺。近一个小时后，谢阿妹顶着一头洁净清香的头发，脸上露出了畅快的笑容。从那以后，"老兵"刘昆堂就成了谢阿妹心中敬重的阿哥。有时，"老兵"刘昆堂没空前来，她总是会念叨："阿哥怎么没来？"感受到人间温暖的谢阿妹不再像以前那么孤独内向了，慢慢地她的话多起来了，也乐于与义工们交流沟通了。看到快乐起来的谢阿妹，"老兵"刘昆堂深感宽慰。

可以说昆山市义工联建立时间有多长，"老兵"刘昆堂的义工生涯就有多长。从2007年至今，十年里，"老兵"刘昆堂一次次来到福利院，给孤老泡脚、洗脚、修剪指甲，给孤老读报谈心，给伤残人士搞个人卫生。这已成为"老兵"生活中的一部分，再忙也要挤出时间来。

义工的义工

我是义工的义工。这是"老兵"刘昆堂常常挂在嘴边的一句话。此话的起因说来话长。

2007年元旦之后，一群网友在昆山论坛上热烈讨论着一个焦点话题：能为社会做些什么公益？越讨论大家越觉得应该发起组织昆山市义工联合会，简称"义工联"。当时在昆山市供电公司检修岗位上工作的刘昆堂，也以"老兵"为名加入其中，并且他是"义工联"初创时唯一的长者。

刚刚成立的昆山民间义工联里，绝大部分是年轻的新昆山人，怀抱梦想的年轻人兴致勃勃开始写章程、联系活动。然而，当操着外乡音的年轻人一腔热情到各大慈善福利机构联系时，由于沟通交流等原因，导致协调不畅。两个多月过去了，连一次活动也没有组织成功。本来站在幕后的"老兵"刘昆堂见状，主动站了出来，他说他愿意去做沟通的桥梁。随后，"老兵"刘昆堂充分运用本地人脉东跑西走，终于成功促成了义工联第一项公益活动——昆山市首届市民徒步大会。

2007 年 4 月 22 日，徒步大会隆重举行，数以万计的昆山市民参加到自城区至阳澄湖畔的徒步活动中。这是昆山义工联首次承担政府委派的任务，整个活动的安全保障、意外救护、沿途服务工作，均由志愿者承担。在这一天里，"老兵"刘昆堂像一个实地指挥官一样，穿梭于便民服务、环保宣传、敬老助残、募捐义卖等活动中。尽管天气忽冷忽热，他却只穿一件短袖衫，奔忙中，几缕银发在青丝间闪亮……

此后，昆山义工联的志愿者服务面愈加扩大，一个个身穿统一服装的志愿者，活跃于市民徒步、骑行、国际体育赛事等十余项大型群众性和竞技性体育活动中，活跃于两岸灯会、"春运"车站疏导引导、台风抢险救灾、国际商贸文化交流等各项盛事中，昆山市四届政府公益创投项目义工联均有团队入围。

2014 年 8 月 2 日，中荣爆燃事故发生后，数以千计的义工联志愿者挺身而出，夜以继日地坚守在善后交通接送、现场安全守护、亲属心理抚慰、来员生活照料等志愿服务中，成为事故和谐善后的中坚力量。年近花甲的"老兵"刘昆堂，依旧是这支队伍中最忙碌的人。除了抚慰伤者亲属，值守在善后现场，他还两赴苏州和昆山的殡仪馆，陪伴遇难者亲属一起送别遇难者，再把遇难者亲属平安地送上返乡的汽车、火车……

昔日的"老兵"没有军衔，今日的"老兵"也不求官位。2009年，"老兵"刘昆堂被推选为义工联秘书长。2010年，正当义工志愿者活动越来越受到公众关注时，"老兵"刘昆堂却主动提出辞去秘书长职务，专心做起了义工活动组织和后勤工作。他说："我能成为其中的一员，已经很满足了。我愿做义工的义工。"

孩子们的"老兵"爷爷

在皖南金寨的山里，一个名叫王雷的男孩一直想念着苏州的"老兵"爷爷。从小学二年级起，这个面容慈爱的"老兵"爷爷刘昆堂就开始资助他上学。一晃好几年过去了，小王雷已经读初中二年级了，"老兵"爷爷还在年年资助他。并且，每次"老兵"爷爷到金寨，总要给王雷送上学习用品，还要带他上饭店吃个饭、说说话。

要说与金寨的孩子结缘，还得从一个老人说起，那就是周火生。周火生今年83岁，是一个93次赴金寨送书助学的爱心老人，与刘昆堂的母亲曾是同事。"老兵"刘昆堂十分敬佩周火生，看到老人年事已高，独自一人给金寨送书不方便，便萌生了要助老人助学的心愿。2008年，经过"老兵"刘昆堂提议，义工联决定设立"援周组"，组织义工帮助周火生老师义卖图书，资助安徽金寨希望小学的贫困学生。就在同一年，"老兵"刘昆堂与周火生老人一起去了金寨。看到革命老区还有许多贫困的孩子，他深感自己有责任伸出扶助之手。于是，"老兵"刘昆堂出资帮助王雷和张明煜两个孩子，他的父母也加入了助学行列，资助了两名小学生，一起承诺将帮助到孩子们初中毕业。此后，"老兵"刘昆堂又连续三年组织义工去安徽金寨县南溪希望小学送温暖助学。

与此同时，"老兵"刘昆堂也放不下昆山本地需要帮助的孩子。眼看着小昆山发展成大昆山，外来务工人员孩子的读书问题也成了他关注的事。2008年，通过"老兵"刘昆堂大量的调查、联系、论证和培训等前期工作，昆山义工联成立了"青苗助学组"，并与昆山力量小学校正式签订"助学协议"，无偿帮助贫困打工人员子女每周辅导功课。如今"青苗助学组"深受欢迎，助学志愿者已达200多人。八年来，作为既是组织者，又是后备辅导义工的"老兵"，也多次直接参与孩子们的辅导活动。昆山力量小学聘请"老兵"刘昆堂担任校外辅导员，为学生做心理辅导，指导学生课外活动，他二话没说应承了下来。每次刘昆堂到力量小学，孩子们都亲热地唤喊着："'老兵'爷爷，'老兵'爷爷来了！"

这个世界需要热心肠

镜头一：2008年5月19日，上班路途中，"老兵"刘昆堂挤在2路公交车上。车刚离站，车厢里一阵骚乱，有人惊呼："出事了，有人晕倒了。"只见车厢里一个年轻女子，脸色苍白、口吐白沫、双眼紧闭地摔倒在过道中。"老兵"刘昆堂赶紧过去，他检查心跳和呼吸，又掐人中、拍打和呼叫，但那个女子却毫无反应。"马上送医院。"他果断作出决定。"老兵"刘昆堂在另两名乘客的协助下，将女子送到医院急诊，并通过女子手机与其家人联系。待女子母亲赶到后，"老兵"刘昆堂悄悄地离开了。

镜头二：2011年10月27日，"老兵"刘昆堂正在苏州参加一项义工联活动，看到媒体上介绍，有一位江西籍民工朱灯华的孩子身患白血病，在苏州儿童医院急需后期医疗费，他便与几名义工来到医院。"老兵"刘昆堂掏出钱包里所有的钱，把钱交到朱灯华手里，同行义工也纷纷捐款。媒体记者闻讯要采访他们，被"老兵"婉言谢绝。

镜头三："老兵"刘昆堂五十周岁生日那天，他第一个登上献血车卷起了袖子。超额完成了自己预定的献血一千毫升指标，"老兵"刘昆堂觉得这是最好的生日礼物。看着手里的献血证书，他笑了。

有人问："你已退休，为啥还要管这么多闲事？""老兵"刘昆堂笑笑说："这个世界需要热心肠。"就是这个"老兵"，他推辞了所有奖励或荣誉的荐评机会，理由只有一条——"没有鼓励，也会坚持"。言语无华，却又贴心实在，这就是"老兵"刘昆堂的本色！

时间里的兄弟情

场景一：1983年冬，野外，一群外线工爬高落低地在安装线路。爬在电线杆顶端的是班长王勤，底下的兄弟们一齐仰头。场景二：2007年除夕夜，窗外爆竹声声，病房暖意融融，刚从死亡线上挣扎回来的王勤，嘴里呜噜呜噜，含泪看着他的兄弟们陪他吃年夜饭。场景三：2015年秋，偏瘫在床已经整整九年的王勤康复上班了，有接送他上下班的兄弟，有背他走楼梯的兄弟，有给他买饭喂食的兄弟，还有陪他聊天、寻开心的兄弟……

这是一场爱的马拉松，长跑九年，永无终点。

在友谊的小船说翻就翻的年代，时间它去哪儿了？时间它一直在。只是，兄弟情很特别，它不跟时间走，它超越时间更超越血缘，兄弟情谊九年来慢慢编织起一张网，这张网的名字叫"爱"。

国网苏州供电公司好人故事

主人公："兄弟连"爱心团队，国网苏州供电公司下属新吴城公司爱心团队，共8人，常年照顾患病老班长王勤。

主要荣誉：苏州好人。

缘起：同吃同住，胜似亲人

缘来是福，亲情如灯。爱，是一切奇迹的开始。

20 世纪 80 年代，人心都很纯朴，没有那么多弯弯肠子。新吴城线路二班班长王勤，看着他手下的一帮弟兄，面孔略略板着，内心里却笑开了。这帮小子刚参加工作，十七八岁的样子，一脸好奇，好身坯，愣头青，看着就喜欢。从此，王勤和这帮兄弟同吃同住同劳动，吃的是百家饭，住的是一间屋，比自己的亲人待在一起的时间还要长。企业有其严格的规矩与内在秩序，王勤手把手地教着他们，立塔，放线；签订师徒合同；保电，高压线要看好，放风筝的人、钓鱼的人都要看好；时间上，既要安全更要速度，若遇上工程建设或抢修任务，所有人必须一呼百应，全力以赴；班组里有任何事情，大家都要出手相帮。无形之中，这帮兄弟团结得像是一支队伍了。

事过二十多年，当年的兄弟之一张凤祥还记得王勤对他的好。张凤祥说："招工时以为可以学点技术活，不想却做了苦壮力。"思想上不通带来行动上的懒。王勤狠狠地"骂"了他一通，王勤说："凤祥我骂你是为你好，我们是一个大家庭，要好大家一起好。"

一诺千金言，从此这帮兄弟在王勤的带领下，好得像是一个人。跌打滚爬，喜怒哀乐，春夏秋冬，草长草飞，转眼兄弟们一个个满师了，结婚了，生儿育女了，唯一不变的是他们的情谊，像是饱经风霜的枫叶，越来越红，越来越浓。

突发：王勤病倒，众人相帮

王勤个子不高，工作认真到近乎苛刻的地步。他平时话不多，却有一个致命弱点：不敢量血压。有高血压家族史，他的血压居然高得量不出来，用张凤祥的话说是"爆表啦"。

2007年1月12日，是王勤和弟兄们永远不会忘记的一天。

王勤突发急病，不省人事。兄弟们轮番排班，日日夜夜守护在病房里。先是误诊，再是转院，王勤陷入半昏迷，肚子膨大，还有大量腹水。医院连着下了三张病危通知书，王勤老婆当场晕倒，可怜当时王勤的大儿子十几岁，自闭内向，小儿子刚出生。最黑暗的日子里，兄弟们吃在医院住在医院，他们常常席地而坐在医院走廊里，商量对策，他们只有一个信念：即使天塌下来，也要把王勤从死神手里抢回来。

王家元代表大家去抢救室，他对王勤说："班长，放心。有我们一天，就有你一天。"眼睛对望着眼睛，眼波流转，承诺是金，兄弟们开始了与王勤之间长达九年多的缘分之爱。

金祥序去找医院的熟人，重新界定王勤病情；王家元排班，白天二十四小时病床前不能离人；张凤祥负责跑腿买东西；王正芳专门与王勤的家属联系；吴梅生、陈荣根等几个人白天上班，晚上陪夜，两不耽误。

时间到了 2007 年的大年初一，轮到王家元值班。王家元带了红烧肉、熏鱼、蛋饺、肉圆、黄豆芽和一瓶黄酒，后面跟着家元老婆，两口子一起来陪王勤过年。王家元把小菜一只只象征性地碰了碰王勤的嘴巴，又沾了点酒，家元说："兄弟，干杯！有我们在，你会一天一天好起来。"王勤泪流满面，说不出话，呜里呜噜答应着。

屋漏偏逢雨，六个月后，王勤不幸又患了尿毒症，还留下了半身不遂的后遗症。兄弟们再一次不期而至，王勤内心像一团死灰，他对兄弟们说："我的病看不好了，你们回去吧，不要再来看我了。"兄弟们不服输不信邪，这次，他们决定为消沉的王勤开启"身心健康"行动。

兄弟们像是在冲锋打仗，他们与时间赛跑，跟死神较量，发誓要抢回王勤的生命。他们脸上早生的皱纹和头上的华发却又像花朵，一朵朵、一瓣瓣执意要铺满王勤今后漫长的人生道路。

坚守：齐心协力，创造奇迹

最初王勤刚生病住院时，排班陪护的人有二三十人之多，医护人员一直以为王勤是个"大好佬"，好像整个新吴城供电公司的人全来陪护了。有一次，护士问张凤祥："你们是王勤的什么人？"张凤祥骄傲地说："我们是出窜小弟兄，比亲人还要亲。"

出窜小弟兄乐呵呵地陪着他们的老班长，喂他吃饭，搀他上厕所，推着轮椅上的他去血透，给他讲单位里的事，把收音机开到说书一档。王勤心脏又疼痛又妥帖，从容地享受着兄弟们所给予的巨大精神、物质安慰，他希望自己一天天好起来。

一天过去了。

一年过去了。

转眼，将近九年时间也过去了。

九年 3285 天，说说容易，真要一天天地过下来，太不容易了。

说起来，都是一些生活的琐事。

出院之后，医生建议王勤做做按摩，刺激肌肉。但是王勤家里人手不够，老规矩，兄弟们挺身而出，在所不辞。吴梅生、陈荣根两人自学按摩技术，定期定日去王勤家中，帮助他进行康复训练。两人轮流，每一次都要对王勤的左侧上肢关节、下肢髋关节做屈、伸、内收、外展、内外旋等按摩，拉伸膝关节和趾关节，做完一轮动作，停歇一会，再做，重复三次。

王勤一个病人，闷在家里，可能会想不开。弟兄们来了，八个人又是轮流值班，推着轮椅，带他去钓鱼，去洗澡，去唱歌，去散心。钓鱼嘛帮他装好鱼饵，放好线，让他的好手握住鱼竿；吃饭嘛帮他买好饭菜，端到面前，再帮他洗碗；洗澡嘛帮他脱衣裳擦背，再穿衣裳；唱歌嘛帮他拿话筒，让他尽情地吼；散心嘛，跟他说说从前出窠小弟兄辰光的趣事。

王勤去血透也是兄弟们要精心安排的一桩大事，联系车子，隔日通知，察看天气，注意冷暖。王勤血透九年，八个兄弟硬是风雨无阻地陪伴了他整整九年。

我能有今天，全靠兄弟们的帮助。你们没有放弃我。

王师傅你待我也好的。想当年，我一直嫌线路工没前途，整天晒得像只乌骨鸡，讨不到老婆。是你骂醒了我，我才有今天。我是见你又怕又尊重。

班长，我们希望你活得长点，我们还要一起退休，安享晚年。

这是命，是宿命。从 1983 年一起进单位算起，一直到退休，他们在一起的时间长达三十年之久，相对于浩浩宇宙、茫茫人海，这就是王勤和他兄弟们金子般闪光的宿命。

当细胞遇到细胞，当生命遇到生命，当王勤遇到兄弟们，就有了关于爱的故事。故事里一直都有爱，故事里永远都有爱。

反哺：相识是缘，相守是爱

王勤心里是感恩的，因为感恩兄弟们的付出，他连带着感恩世上所有的好心人。每天晚上，王勤和老婆都要把兄弟八个人的名字念叨一遍：谁胖了，谁有心事，谁看上去蛮吃力，谁做领导了，谁家的儿子今年高考。日日夜夜，时时刻刻，他早已习惯和兄弟们融和在一起。

2015 年秋，王勤萌生了上班的愿望，怀着一颗感恩之心，他要反哺企业，回馈兄弟。兄弟们再次应声而动，王勤家住桐泾公园对面，上班却在枫津路上，王家元连夜排表：王勤哪天上班，哪天血透，哪天做康复训练等等。现在的"爱心团队"由王勤的领导、徒弟、工友等自发组成。

王勤积累了丰富的户外工作经验，重新上班后他对新员工进行工程指导，解答施工难题。

兄弟们爱的接力还在延续，我在疑惑这种爱的力量从何而来？已经做领导的王家元作了总结：人心纯朴，他们陪伴王勤这么多年，从来不说钱的事，钱在他们身上行不通；抱团取暖的团队协作精神，光光 2015 年一年，他们班组就完成了 700 多次抢修，如果班组成员不团结不要好的话，根本不可能完成任务；企业文化里有传统的东西，师傅教到什么层次，徒弟就要学到什么层次；王勤师傅内心要强，感恩，一只手抖呀抖，还坚持炒菜、黑板上写字、自己开车门等等。

最后，王家元说到了供电的核心价值观：诚信、责任、创新、奉献。

九年多，有人退休，有人调离，有人做领导，但是兄弟们对王勤的照顾一天也没有停止过。从缘起、变故、坚守到反哺，王勤的故事特别具有正能量。所以说，相识是缘，相守是爱。

张未厌的几个侧面

　　这是 2014 年除夕的下午，时不时已有鞭炮声响起，整个城市弥漫着浓浓的过年气息。这时，苏州博物馆门口走来一对母女，她俩试探着走进门，小声地自言自语："不知道今天还能不能参观？"门内，一个浓眉大眼的女孩迎上前，含笑对那母女说："欢迎来到苏州博物馆。"母女俩惊喜地对望了一下，想不到除夕还能参观。女孩指了指胸口挂着的工作牌，自报家门说自己叫张未厌，是苏州博物馆的志愿者，可以为她们义务讲解。话音未落，那个十来岁的女儿高兴得拍起手来，连声说太好了太好了。那位母亲也欣喜不已，说她们从台湾来，今天下午刚到苏州，抱着试试看的心情来到贝聿铭先生设计的苏州博物馆，没想到除夕没有闭馆，更没想到还有人义务讲解。张未厌微笑着，伸出手将母女引领到二楼展厅。

　　主人公：张未厌，女，1986 年 7 月出生，国网苏州供电公司办公室行政秘书。

　　主要荣誉：江苏省优秀志愿者、苏州市"志愿之星"十佳个人、苏州市道德模范·精神文明建设十佳新人（候选）。

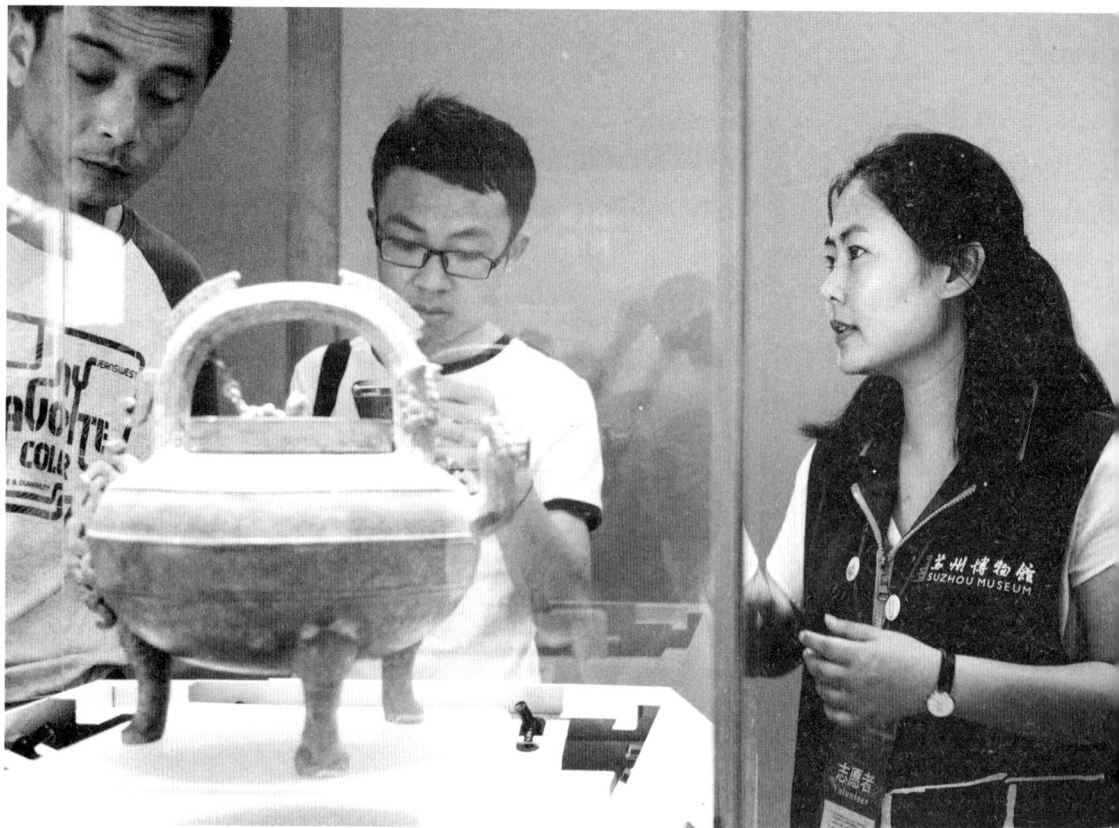

侧面一：博物馆里的苏妹妹

从下午两点多，直到近五点，张未厌领着那对来自台湾的母女，从一个展厅走向另一个展厅。整个博物馆、所有的展厅都寂无人影，只有这三个人在慢慢移步，在苏州的历史与艺术长河中流连着。她们时而在虎丘塔出土的文物前驻足，时而在唐寅的画前细细品味。张未厌以她标准的普通话，为母女俩认真而细致地讲解着。

这样的场景对张未厌来说并不陌生。2008 年，刚从大学毕业的张未厌，怀抱着青春的梦想与激情，加入了苏州博物馆志愿服务队，成为一名注册的义务讲解员。八年来，每个周末和节假日，张未厌都在苏州博物馆度过，风雨无阻为游客全程讲解。好多个除夕，博物馆内几无人影，但她依然坚守在馆，即便只有一个参观者，她也为之认真讲解。和风细雨般的讲解、热情周到的服务，令张未厌赢得南来北往客人的一致好评，大家亲切地称她"苏妹妹"。至今，张未厌博物馆服务已累计超过 400 个小时，完成义务全程讲解 187 场次。在义务讲解过程中，张未厌不断提升自身的服务素养，主动参加了英文全程讲解、"英国制造"特展讲解的考核和服务。2011 年，她以出色的服务和细致精到的讲解，荣获苏州博物馆"十佳志愿者"称号，同时还以形象大使的身份登上了苏州电视台"德善之城"的公益广告。

那天，在张未厌生动的讲解中，那对台湾母女不知不觉在博物馆流连了近三个小时。当那位母亲一眼看到窗外的天快黑了才惊觉，这是除夕啊，耽误这个志愿者妹妹回家吃团圆饭了。张未厌面对她们的歉意笑着摇摇头，她说她能给别人带来快乐，自己也非常快乐。正因为除夕，在这一年的最后一天，张未厌愿意多为她们讲解一些，让远道而来的台湾母女多一些关于苏州吴文化的美好记忆。

侧面二：孩子们的张姐姐

贵州山里的孩子班江路年年惦记着张未厌，在这小男孩的心中，这个张姐姐是世上最美丽、最可亲的人。

　　2013年秋天，张未厌与供电公司"五彩梦"公益助学小组的其他6位伙伴，自费飞往贵州山区纳翁小学开展助学活动。就在为孩子们上"五彩课"的那天，张未厌见到了正上五年级的男孩班江路。从学校老师的口中，张未厌得知班江路幼时丧母，十岁时父亲也过世了，现由远房叔叔收养。那天下午，张未厌怀着对这个沉默男孩的怜惜，与班江路一起步行好多路去他家走访。一进门，班江路马上把张姐姐给他的钱物全部交给了叔叔，随后赶紧去照顾叔叔的小孩。在简陋而又空荡荡的屋子里，班江路的叔叔对孩子的将来表示迷茫，因为家里实在穷，不知道还能让班江路读几天书。当结束家访跨出门时，班江路从后面悄悄拉住了张未厌的衣袖，睁大黑亮的眼睛轻轻地说："我想读书，我想上初中。"一瞬间，张未厌的眼里蓄满了泪水。正因为班江路的那一句要读书的话，让张未厌萌发了要尽全力把"五彩梦"坚持下去的愿望。如今，班江路已是一名初一学生，他的张姐姐依旧年年为他托着读书的"五彩梦"。功夫不负有心人，2014年，"五彩梦"分别被评为江苏省和苏州市优秀青年志愿者组织，助学活动曾先后被新华社、《人民日报》《现代快报》《国网报》、苏州电视台、苏州广播电台等多家媒体连续报道。

其实，张未厌的助学行动并不是 2014 年开始的。早在参加工作之初，张未厌就开始参与公司的各类爱心助学活动。2012 年，张未厌牵头负责供电公司与团市委共建的"希望来吧"关爱农民工子女项目，从初期立项到建成运行，张未厌动足脑筋，倾注了无数的心血。她通过实地走访调研，再——分析，到通盘筹划起动，建成了"白洋湾街道""新狮社区""木渎友好学校"三个分别代表街道、社区、乡（学校）三级行政单位的建设点，并为各个建设点量身打造以"五彩课堂"精品课程为代表的特色志愿服务体系，保证月月有主题，周周有活动。

"这是一个广阔而持续的公益平台。"怀着这样的信念，张未厌通过报纸、网络、分享会等多种方式，与各公益组织开展广泛持续的沟通和合作，为无数外来务工子女送去实实在在的帮助。到目前为止，在"希望来吧"公益平台上，爱心志愿者们为 3500 多个农民工子女，共提供了 751 人次形式多样、切实有效的志愿服务。

张未厌说："志愿服务，是一种生活方式。"她用年年月月的实际行动，践行着自己的诺言。而那来自无数孩子的一声声"张姐姐"，是孩子们对张未厌最亲热的呼喊，也饱含着孩子们最深切、最诚挚的感谢。

侧面三：社区的好女儿

也许有人会猜测，张未厌在业余时间里东奔西跑，全身心忙于志愿者服务，会不会妨碍自己的本职工作？

事实恰恰相反。张未厌从没有对自己的岗位职责有丝毫懈怠，自参加工作之日起，她一直以满腔的热情投身于工作之中。

细究一下，张未厌在工作单位也是一个大忙人，她曾是苏州供电公司综合服务中心综合管理室专职，如今是公司办公室的行政秘书，也是公司品牌志愿活动"亲情电力进社区"的志愿客户经理。每月，她总要坚持走进社区不下两次，与社区居民拉拉家常，听听他们的意见和建议，也把供电最新的服务资讯带给大家。凡事站在社区居民的角度考虑，久而久之，将自己从"外人"变成了社区的"自己人"。

对此，家住桃花坞的岑庭孝老人深有体会。2012年初夏的一天，张未厌和师兄学姐一起来到社区开展志愿服务。那一次，是张未厌第一次随师兄学姐走进岑庭孝的家，为他家清理空调滤网，打扫卫生。原来岑庭孝老人小时候患过小儿麻痹症，双手使不出力，常年居家，热爱写作，且爱人也身患重病，两人膝下无子，经济方面也捉襟见肘。她听说，岑庭孝老人是因为经济拮据无法更换电表，才被公司社区志愿客户经理发现的，这些年来，师兄学姐们十年如一日照顾着老人。张未厌被前辈们的热心所感动，在看到岑庭孝一家艰难的生活状况后，她也萌生了要持续帮助这一家人的心愿。那次，张未厌把自己的手机号给岑庭孝，说以后有什么困难就找她。

从此，张未厌把岑庭孝一家放在了心上，经常打电话问长问短，还不时抽时间上门看望二老。每到换季，张未厌总会上门为他们收拾衣物，清理空调；遇到大雨天，张未厌也会打个电话去，问问有没有地方漏雨。有一次，岑庭孝的电脑坏了，张未厌知道老人爱写作不能耽搁，立即请了修理人员上门服务。也许是电脑太旧了，修了坏，坏了再修，来来回回折腾了五六次。张未厌估计彻底修好也难，于是，她和几个同事一起凑钱，为岑庭孝买了一台新电脑。抚摸着崭新的电脑，岑庭孝老人感动不已，庆幸遇到了张未厌这个不是女儿的"好女儿"。2013 年，岑庭孝老人特发微博表达多年的感激之情，此条微博一发布，让众多博友大为感动并纷纷转发。时任共青团江苏省委副书记张国梁也看到了这条微博，不仅点评还作了转发，赞誉道："事情虽小，贵在坚持。"

坚持下去，这正是张未厌的愿望。自 2008 年工作以来的八年，是张未厌不断奉献爱心、勤奋工作的八年。这些年来，她累计为社区居民上门服务 180 多次，解决居民用电困难 200 多起，参与结对社区寒门学子 16 人。这些年，张未厌以她出色的成绩，荣获江苏省优秀志愿者、苏州市十佳青年志愿者等多项荣誉称号。

青春作伴，爱心绵长。此爱，从未曾厌。这是人间大爱，弥散着浓浓的真情。这爱，也是不灭的光，照亮着未来的路。我们相信，年轻的张未厌将怀着一颗不变的初心，继续一路前行。

查晓东和他的孩子们

今年 5 月初，端午节后，查晓东带着浑身的疲惫，带着嘶哑的嗓音，带着高原的阳光，风尘仆仆地从青海回来了。这是十年来查晓东第十八次自费外出助学，也是第二次自费去青海。为了那些远方的孩子圆上读书梦，查晓东心甘情愿耗上时间，费上心思，掏出积蓄。他说，实在不忍心看到那么多孩子没书读。

问起他是什么时候开始踏上助学之路的，查晓东憨厚地笑了，说一开始完全没注意这方面的事，是 2007 年的一次车友会活动，听了一个朋友的介绍，他才第一次参加了公益活动。查晓东说那次活动对他触动十分大，记得特别牢，当时是为一个名叫一灿的患白血病孩子，他参与了医院看望、义卖、筹款等一系列活动，看到了众人拾柴给绝境中的孩子带去了希望和温暖，使他立志要尽自己的一份力，去帮助更多的孩子。

视野一旦拓宽，查晓东发现，在他的身边，还有远方，竟有那么多无助的孩子，在小小年纪无奈地离开学校，这让他痛心，也埋下出手相助的决心。问他，是不是与自己求学经历有关？查晓东说不是，自己的求学经历很顺利，可能就是舍不得这些孩子没书读。

心有大爱，言语无华，只为那些孩子们，查晓东走上了漫漫助学路。

主人公：查晓东，1966 年 3 月出生，国网苏州供电公司变电运维室相城变电运维班值班员。
主要荣誉：苏州好人、国网江苏省电力公司爱心标兵。

国网苏州供电公司好人故事

别样的幸福

"叔叔已经资助了我两年，在这两年里，我很少给叔叔写信，因为心里有您，何必多言？我只想好好学习，用一份好的高考成绩来报答您，我会努力的……"这封2010年年底写给查晓东的信，来自他从2008年开始资助的青海乐都学生李广鹏，现在，李广鹏已是厦门大学地质系的一名大三学生。

时隔多年，查晓东还记得当年青海乐都李广鹏家的情况。2008年，从青海省西部"格桑花"救助会了解到乐都县有好些濒临失学的孩子，其中有一个叫李广鹏的孩子急需资助人。李广鹏家里共8口人，有4个孩子，原本父母种青稞养牛羊，生活还过得去，后来农村城市化后，因父亲不会汉语打不到工，单靠政府每年的补助款难以维持生活。无奈之中，当时正读初中的长子李广鹏准备辍学去打工。查晓东一听心里为之着急，决定由自己出钱资助这个学习成绩优异的孩子，并承诺，只要李广鹏考得上大学，他将一直资助到他大学毕业为止。

这一帮，就是近十年。受到查晓东资助后，李广鹏更加发奋读书。2014年8月，查晓东到乐都县回访。这是查晓东第一次去青海，顾不上欣赏美丽的西部风光，

他急着赶往海拔3600米的乐都县。当他走进李广鹏的家，正在炕上做作业的李广鹏马上跳下来，抱着查晓东激动地说："叔叔，你终于来了。"面对查晓东的关切询问，李广鹏显得比同龄人成熟，他告诉查叔叔，自己要改变命运，会认真读书，努力考上大学走出大山，不想和父母一样整天坐在太阳底下不知道做什么。那年夏天，查晓东一直默默惦念李广鹏的高考情况，当终于传来李广鹏被厦门大学录取的喜讯时，查晓东欣喜万分，能以一己之力帮助一个孩子改变命运，他觉得这是一种无上的幸福。

为了让李广鹏尽快适应大学生活，跟上同学们的步伐，查晓东特意为李广鹏寄去了钱，让他买个电脑。知道李广鹏性格倔强不太合群，查晓东经常联系沟通，为他排解心中的烦恼。查晓东说："我早已把他当成了自己的孩子。"

拉回一个是一个

徐州睢宁，是查晓东一年要去两次的地方，近十年里，他已去过18次。那里并没有查晓东的亲戚，也没有工作需要他前往，只为那里有许许多多他惦记的孩子。

2007年，查晓东参加了苏州市"小红帽"公益组织，从那时起，他就开始每年资助两名徐州睢宁的孩子上学。尽管后来在2010年5月，查晓东与一批志同道合的朋友一起创立苏州助学网，也就是雪莲花助学联合会的前身，但徐州睢宁的孩子一直是他捐助的对象，并延续至今。

　　刘振东，这个名字有点像男孩的睢宁女孩，是查晓东竭力从打工人群中拉回，从而重新回到学校的。2014年，查晓东又到徐州睢宁探访雪莲花助学联合会资助的孩子们，这其中也包括他个人资助的两个孩子，刘振东便是其中的一个。没想到，到学校一问，校长说刘振东已经好久没来上学了，估计已外出打工了。查晓东一听急了，这个女孩学习认真，成绩也非常好，为什么弃学呢？带着疑虑和焦急，查晓东请求校长带他和同伴一起去刘振东的家。果然，家里没有刘振东的人影，而且她父亲对查晓东的到来并不热情，不耐烦地抱怨说："生了三个女儿都是赔钱货，再念书也没意思。"查晓东问："孩子去哪了？"刘振东的父亲推三阻四不肯说，被查晓东盯住不放便只好告诉他，刘振东去深圳打工挣钱了。此时，本来心里憋着一口气的查晓东冷静了下来，苦口婆心地劝刘振东的父亲，快让女儿回来读书，不要毁了孩子的前途，而且孩子如果考上大学对家里帮助更大。刘振东的父亲觉得查晓东说得有道理，便口气软下来说，自己也读过初中，知道多读书的好，但家里实在穷，孩子的母亲又残疾，没办法，只好让孩子出去挣钱了。经询问，查晓东了解到刘振东刚打到工，也没挣到什么钱寄回家，便继续劝导她的父亲，并承诺如果刘振东回来继续读书的话，由他来承担一切学费及生活费。同时，查晓东请求同去的校长能否减免住宿费，校长点头同意了。刘振东的父亲见此情形，也被查晓东的诚意打动了，答应叫女儿回来继续上学。

一周后，回到苏州的查晓东从校长那里得知，刘振东回到学校了。查晓东一听松了一口气，悬着的心终于放下了。去年，初中毕业的刘振东考上了一所五年制的师范类大专，查晓东深感欣慰，为这个女孩明亮的前程，也为那个穷困的家有了新的希望。

查晓东说，拉回一个是一个。拉回一个，就是拉回一个美好的人生。

"碧哥"本色

在雪莲花助学联合会里，说起"碧哥"无人不知，无人不晓。原来，在助学之初，查晓东起了个网名——浓浓碧螺春。但是，这名字叫起来有点拗口，于是，有一个同伴说，不如简化点叫碧哥吧，好叫又好记。从此，无论查晓东最初担任雪莲花助学联盟常务理事，还是现在担任雪莲花助学联合会的副会长，所有的同伴都亲切地唤他"碧哥"。

顺着"碧哥"查晓东十年助学的这个脉络，我们可以看到他负责助学组织工作，以及自己个人"一对一"的助学历程。就说这最近三年里，查晓东就参与组织了一千多人次"一对一"助学活动，开辟助学点 30 多个；负责图书漂流活动，帮助贫困学校建立图书室 3 个、图书角 34 个，组织捐赠图书几千册。为青海甘肃贫困学校建立专题项目，组织捐赠毛毯的暖冬项目，亲自去采购、发货，使得每年都有一所学校的学生能盖上温暖的毛毯。为了精确有效地资助远方的孩子，他负责走访调查和助学款发放工作，三年里参加走访和发放近 40 次，足迹遍及青海、甘肃、徐州睢宁及本地的贫困学生家庭，为捐助人提供了学生的真实情况。除此之外，查晓东还以个人名义共捐助 15 个孩子圆了读书梦，其中 6 个青海的孩子，8 个徐州睢宁的孩子，1 个苏州本地的孩子。

今年 5 月 2 日，查晓东与雪莲花助学联合会理事会五位志愿者利用端午假期，自费飞往兰州、西安、平安至尖扎县、同仁县、夏河县等地助学点发放助学金及走访考察。他们马不停蹄，一共走访了当顺寄校、马克唐二完小、同仁县隆务第二寄校、瓜什则寄校、力吉寄校、甘加小学、博拉希望小学等七所学校。第五天，查晓东他们一行到达博拉希望小学，此时正好是学生用晚餐的时间，由于学校的食堂太小，孩子们在外面排队，打好饭后就蹲在地上吃。看着孩子们破旧的衣服、清简的饭菜，查晓东十分心酸。望着孩子们纯真无邪又充满期望的眼神，查晓东更加坚定了工作之余全力投身助学事业的信念。

雪莲花开，为爱而行。2009 年，查晓东被省电力公司评为"爱心标兵"。慈善之路只有起点，没有终点。现在，查晓东，这个供电公司变电运维部相城运维班的普通一员，在做好本职工作的同时，正依旧以不变的热情，行走在为无数个孩子圆梦的大道上。

为了他们的笑容

　　两间老旧的平房，缩在江堤下的一片树林里，距离最近的村庄起码一百多米。由于五十年前患上麻风病，病愈后导致身体残疾，外貌有异常人，在村里乡邻的冷眼和排斥下，张家姐弟被迫迁移到浒浦镇的江堤下，靠低保和垦荒维持生计。他们没有子女，也没有亲属，在众人的目光之外，几乎与世隔绝地生活着。

　　假如不是亲耳听到亲历者讲述的那些事，想必许多人会怀疑，是否真有这么两个年迈的残疾姐弟，生活在远离人烟的偏僻角落。他们艰难的生存状态、恶劣的生活环境，对无数人来说如同天方夜谭。事实告诉我们，这一切都是真的。三年多来，是那些行动胜过言语的常熟供电人，由于他们年复一年的坚持，才让两位老人慢慢走出了生活的困境，终于露出了久违的笑容。

　　主人公："供电好囡"爱心团队，国网常熟市供电公司志愿团队，共有10名成员，持续照顾碧溪曾患麻风病的两位孤寡老人。

　　主要荣誉：苏州好人。

最初的善念

王志阳是常熟碧溪供电所的职工，常年在户外工作。要说碧溪供电所的业务并不仅限碧溪镇，它管辖着碧溪镇与浒浦镇两个地方，因此王志阳也经常要去浒浦镇。

2013 年的春天，王志阳听同事说起在浒浦镇的江堤下，住着两个五十年前生过麻风病的年老姐弟，生活十分困苦，他生出了要去看看他们的念头。

没过多久，王志阳又去浒浦镇，完成工作任务时想起了那姐弟俩，便独自按着方位找到了江堤下。呈现在

　　王志阳眼前的一幕，让他心里发颤。隔着篱笆墙，王志阳看到青苔斑驳、砖墙破落的平房门前，七十多岁的姐姐张翠娥坐在门口，一只眼睛早已失明，脸部和身体多处变形，被截肢的双腿在身子底下蜷曲着，身高只有1米左右。弟弟张世明也年近七十，与姐姐一样，面容与身体也是畸形的，身体瘦弱，视力也不好，一只脚僵硬地扭曲着。在院子里两只狗的吠声中，张世明一瘸一拐走到篱笆边，警觉地问王志阳来干什么。篱笆墙外，王志阳还没从震惊中回过神来，便回答自己是供电所的，路过看看。

　　回忆起第一次去看那姐弟俩，王志阳略显不好意思，说起初是被好奇心驱使，可又有点怕，毕竟他们是生过麻风病的人，心里还是有所顾虑的。但姐弟的生存状态让王志阳不忍心不管，他特意去医院咨询熟悉的医生，得知已病愈五十年的麻风病人不会传染，彻底打消了心中的顾虑。随后，王志阳向供电所的领导作了汇报，所长十分支持他的想法，并决定成立一支志愿者服务队伍，接下来以供电所党员服务队的名义帮助张家姐弟。当这一信息传到常熟市供电公司机关，公司党群部门的同志也希望与碧溪供电所的队员一起，为张家姐弟分担生活的艰辛。

大家"带只眼睛"

2013年春天，帮助张家姐弟的爱心行动开始了。

这一年的4月，王志阳在忙完春季安全检查工作后，顺路来到江堤下。当王志阳走进院子，张世民像上次那样又一瘸一拐迎了出来，他觉得这人面熟，便问："你是抄电表的还是抄水表的？"当王志阳拿出慰问品亮明身份后，张世明脸上现出疑惑和惶恐，他将王志阳让进屋子。走进屋子，王志阳眼前一团乌黑，等眼睛适应了室内微弱的光线，他才看清屋里的情况。昏暗的空间低矮狭小，家具破旧而简陋。抬头，屋顶有多处破洞；低头，地面坑洼不平。熏黑的土灶台边，摆放着几件破旧的厨具，灶台后面堆满了从树林里捡回来的树枝和树叶。从地上散布的木桶和脸盆间，姐姐张翠娥慢慢爬过来……

王志阳极力掩饰着内心的震惊，和张家姐弟拉起了家常，询问有什么可以帮他们的。张翠娥淡淡地说："我

们有低保，自己再种些菜，饿不死了。"看着她病态臃
肿的脸上没有一丝表情，王志阳的眼泪瞬间夺眶而出。
从前的人世冷漠已令他们对生活不抱任何希望，他们不
伤心，却也不会笑了。

　　王志阳回到单位，把张家姐弟的情况和领导与同事
们作了汇报，每个人都为之心酸，大家都说以后要"带
只眼睛"。大家"带只眼睛"，意味着大家都把张家姐
弟放在心上。此后没多久，志愿团队里好几个同事，与
王志阳一起走进了江堤下的张家。五十年来第一次有这
么多人走进家门，张翠娥和张世民简直有些不知所措。
张家姐弟看着来客放下礼品就动手打扫卫生，爬上屋顶
"捉漏"，平整坑洼的地面，更换老旧的电线，他们靠
在一边插不上手，口中一个劲地念叨着"谢谢"。当王
志阳他们向老人告别时，两位老人还处在惶惑中，除了
说谢谢，他们的笑容依旧是僵硬的。

一只抽水马桶

至 2013 年的秋天，志愿团队的同志已成了张家姐弟的常客。大家都会"带只眼睛"，利用到浒浦镇工作之便，顺路去看看他们，见家里缺什么生活用品，就会送过去。为了能让老人看看外面的精彩世界，队员们自发组织"为孤老圆梦"的捐款活动，筹集善款购置了电视机，还为他们安装了有线电视。了解到他们的电扇已坏多年，又买来了落地电扇。同时，考虑到老人行动不便，为避免火灾隐患，又送来了液体电蚊香，并教他们使用……

除了物质上的相助，队员们更关注张家姐弟的内心，知道两位老人没人说话长年孤寂，就陪着他们拉家常。虽然两位老人一遍又一遍说的总是相同的往事，但每次围在他们边上的队员总是不忍心打断。

2015 年夏天，王志阳又来到张家姐弟的院子里。那天，他看见张翠娥右手提着痰盂，左手撑地，在门前的莴苣田里艰难地爬行着，痰盂里不时有污物洒出。见此情形，王志阳鼻子一酸，随即一个新的想法跳了出来。几天后，在常熟市供电公司党群工作部的大力支持下，志愿团队利用周末时间请来了泥水匠和管道工，在张家姐弟卧室西墙的一角安装了抽水马桶。"没想到我们也能用上这个呀！你们想得真是太周到了！"摸着马桶两侧特意为他们安装的不锈钢扶手，张翠娥有说不出的激动，脸上终于露出了发自内心的笑容。这一刻，所有在场的供电人都欣喜不已。

"你们都是好小囡"

春节一过，元宵节就快到了。这时，大家又想到了张家姐弟。为了两个年迈孤寂的老人能享受节日的快乐，常熟市供电公司党群工作部和碧溪供电所党员服务队多次联络，商量着要让他们过个热闹喜庆的元宵节。

袁佳，是党群工作部的一名干事，他自告奋勇，说由他来准备包元宵汤团的面粉和馅。听说孙儿要买糯米粉，袁佳的奶奶问做什么？他对奶奶说起了张家姐弟。奶奶一听忙关照他要多去，这比烧香还好，是行善啊。正月十五那天一大早，袁佳的奶奶帮着和好了糯米粉，拌好了汤团馅。

元宵节的上午，袁佳与两名同事，王志阳也和志愿团队的另两名队员，在约好的时间里，一起来到张家。走进院子，那两只护家的狗叫了起来，但张家姐

弟的招呼声里充满了喜悦，他们喝住了狗叫，请前来的年轻人进屋。屋里的桌子太小，六个人便围在灶台边准备包汤团。

此时，出了个小意外。和好的糯米粉经过个把小时已变得干硬，临时加水，面又太稀，而带来备用的糯米粉又用光了。这下，六个年轻人手足无措了。张翠娥却在一旁慈祥地笑了，她说："好小囡，你们水加多了。"转过头，张翠娥喊弟弟："世民，快把家里的玉米粉拿出来，掺点玉米粉估计也可以。"张家姐弟已有很多年没有吃上糯米粉，家里只有玉米粉，只能试着掺点玉米粉进去。没想到，歪打正着，揉进了玉米粉的糯米粉做出的汤团黄澄澄的，又糯又好看。

不知多少年没吃过元宵汤团了，不知多少年没有欢声笑语了。望着门上红红的春联，吃着甜糯好看的汤团，张家姐弟从心底里发出了欢笑，这笑自然舒畅，让看着他们的六个人也一起笑了。当大家挥手与老人道别时，张家姐弟依依不舍，一遍又一遍地说："你们都是好小囡，你们全是好小囡。"

而这一趟去，让这些好小囡又有了新的心事。就在灶台上做团子煮团子时，他们发现，破旧的灶台快塌了。一定要尽快修好灶台，别让灶台塌了影响他们的生活。这不，王志阳已多方联系，终于找到了如今难得会修灶台的泥水匠。在王志阳的一再恳求下，泥水匠答应尽快去修。

那些好小囡说："张家姐弟俩一个已经七十几岁，另一个也年近七十了，为了让他们生活得好一点，能多笑笑，我们愿意尽最大的努力。"

好人的假日

在这快节奏的时代，对工薪族而言，假日是一种奢侈品。胡适说，通过观察人们如何利用自己的闲暇时间，可以了解一个社会的文明程度。切换到个体的角度，如何安排假日，往往决定了一个人的生活品质和生命境界。

经过了一段时间的劳累，让自己彻底放松一下，睡到自然醒，起来看看书，听听音乐，浇浇花，出门看场电影，跟多日不见的朋友聚个餐，开车带上家人去郊游，或者报个特长班，给自己充充电，都不失为健康有益的选择。

我们很好奇，苏州供电好人们是如何度过他们的假日的，跟一般人有什么不同，有哪些值得大家借鉴的经验，于是我们没有提前打招呼，在一个随机的双休日，对他们进行了一场突袭跟拍，用照相机镜头忠实地记录下了"好人的假日"。

国网苏州供电公司好人故事

韩克勤

就职于苏州供电公司二十多年，从营销柜台普通员工做到营销部书记，对韩克勤而言，工作日和休息日早已难分彼此。同事每当遇到棘手的问题，总会第一时间跟她联系，她也总会第一时间赶到现场组织协调。

左图：即使清闲无事的星期天，她也
会到办公室坐坐，看看书，充充电。

右图：读到启发性强的业务书籍，韩
克勤会叫上部门里的业务骨干一块儿探讨
学习。

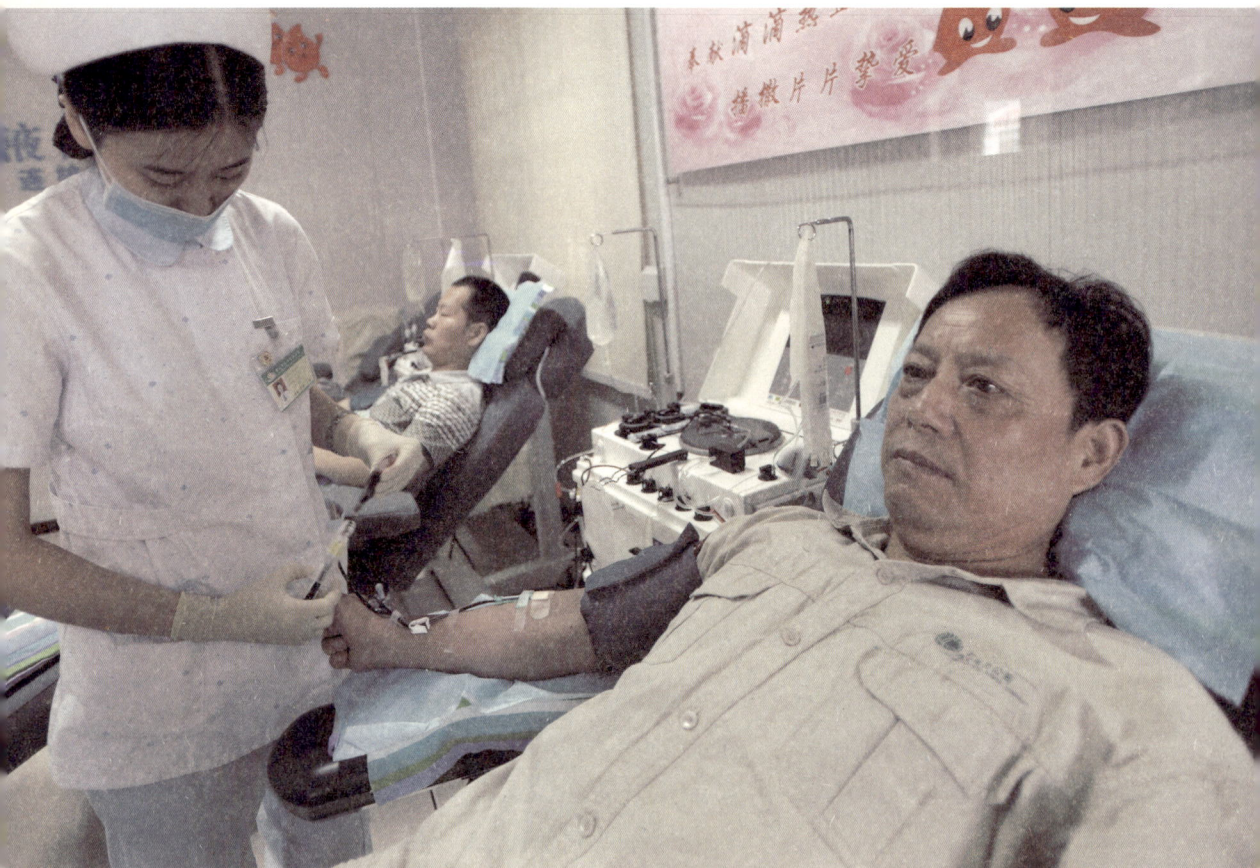

龚卫初

　　很多人度周末都有一些固定的活动项目，譬如去爬爬山、钓钓鱼、兜兜风什么的，龚卫初是往昆山市血站跑。得知献血小板的周期缩短至两个星期一次，他越发容光焕发，精神头十足。

上图：6月的天气说变就变，龚卫初正要回家收拾晾在阳台外面的衣服，突然接到淀山湖"孤岛"上一个养殖户的电话，说一个闷雷把电给打没了。龚卫初二话不说，一个电话叫上搭档，乘了水泥船就往"孤岛"去。

下图：故障排除了，凑巧乌云也散去了，虚惊一场，大家相视而笑，笑容跟重新露出的太阳一样灿烂。

国网苏州供电公司好人故事

陈东、张未厌

周日上午，陈东、张未厌早早来到了博物馆的志愿者休息室，换好志愿者服装，开始准备一天的志愿服务工作。他们一起在苏博做志愿者，一起参加手鼓队活动，是公司公认的"公益黄金搭档"。

　　作为志愿者小分队的调度小组长，张未厌到博物馆的第一个工作就是协调和安排志愿者在馆内的讲解时间，并及时将讲解时间安排通告挂在博物馆的服务指南展板上，告知游客。

　　张未厌在争伯春秋馆内绘声绘色地向游客
介绍着每一件藏品的来历和故事，与此同时，陈
东也在流韵都会馆里做着元娘娘墓陪葬品的解说
工作。

除了讲解，陈东和张未厌还会帮游客指指路、拍拍照，或是善意提醒游客在观赏时注意脚下安全等。他们是苏博"百事通"，哪里有需要，哪里就会有他们的身影。

国网苏州供电公司好人故事

孙 洁

作为营销部资深优质服务专职，孙洁早就模糊了上班和休息的概念。大部分时候，她都跟社区居民打成一片，嘘寒问暖、拉着家常，就把工作完成得漂漂亮亮、滴水不漏。"亲情电力"理念已融化为她的生活方式。

上图：孙洁为彩香社区工作人员介绍"亲情电力云服务"平台手机端与电脑端的操作方法。

下图：孙洁为家住钮家巷的陈金山老伯抽检电表误差。得知电表正常运转后，老伯打消了困扰自己的疑虑，绽放出轻松的笑容。

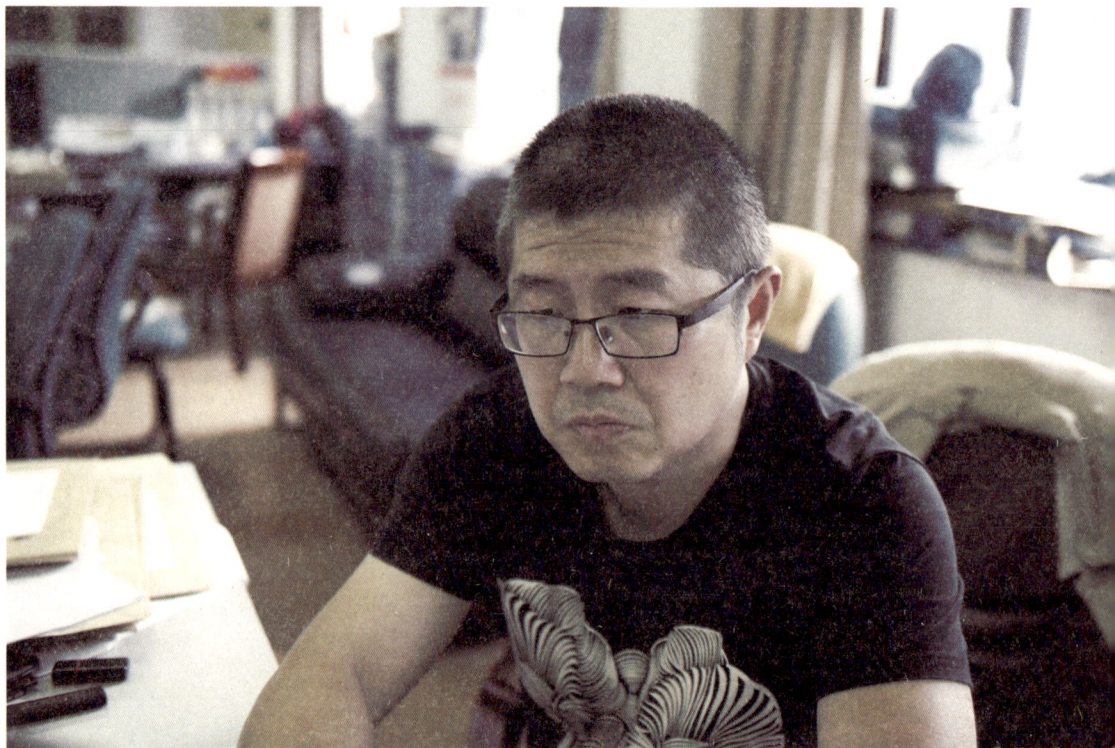

胡尉斌

小学同学小陈的父母好久没有外出走动了，两个老人年纪大了，出趟门有诸多不便，胡尉斌原本打算利用这个周末陪老人家去盐城串串亲戚、散散心，突然接到公司的电话，只得搁置这一计划，回到公司加班。

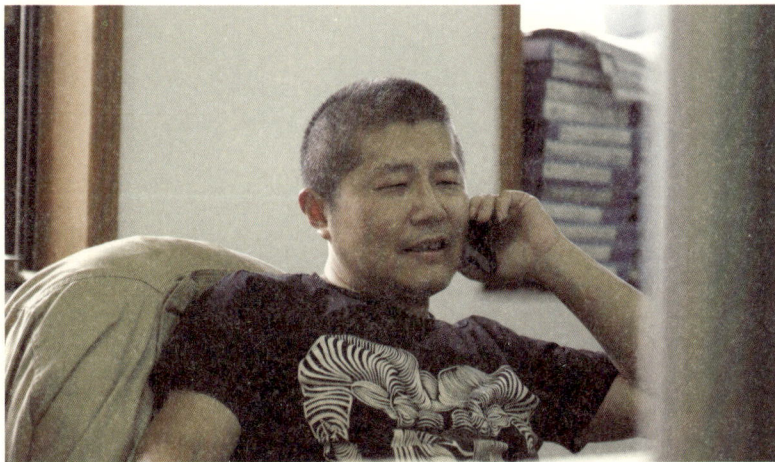

　　胡尉斌在埋头加班的当口，老人来电话了，说已经把行程推迟到下周末，晚上准备在家炖鸡汤，叫胡尉斌下班后带上妻子孩子去吃晚饭。加班与陪老人的矛盾完美解决，胡尉斌脸上露出了孩童般的笑容。

紫苏叶妈妈育儿社
ZISUYEMAMAYUERSHE

朱惠琴

创办了"紫苏叶妈妈育儿社",朱惠琴的许多个休息日都跟缺少家庭温暖的孩子们在一起。在较小的孩子眼中,她是慈爱的"妈妈";在大些的孩子眼中,她是贴心的"姐姐"。

朱惠琴带孩子们到大阳山徒步。在大自然的怀抱中，孩子们心花绽放，如山花般烂漫。

上图：半天大汗淋漓的有氧运动后，朱惠琴带孩子们来到肯德基，尽情享用爱心午餐。朱惠琴给小胖子递上一杯饮料说："慢点吃，别噎到。"

下图：受到朱惠琴潜移默化的影响，孩子们也踊跃参与"紫苏叶妈妈育儿社"的各项公益活动，尽自己的绵薄之力回报社会。图为孩子们开心地展示自己的义卖捐赠证书。

吴坤林

这个星期天正赶上吴坤林值班，他跟平常工作日一样，开上工程车，全副"武装"，巡查自己负责的片区。

上图：在老公房的楼道里，老吴仔细检查每一只电箱，遇有异常，立刻采取相应的措施，让用户免遭损失。

下图：在老居民眼中，老吴早已是跟邻居、朋友一样的熟人。一位居民叫住了老吴，告知自己家这两天老跳闸，老吴边检查边给他分析原因。

　　2015 年的隆冬，老吴就是从这条河里打捞起那位溺水老人的。这里是老吴上班的必经之路，救人的事在他心中早已云淡风轻，不愿提及。

　　忙碌了一天，回到家里，摘下头盔，脱掉制服，逗弄可爱的小孙孙，是老吴业余最幸福的时光。

刘昆堂

　　刘昆堂已从昆山市供电公司退休多年，按说退休后的每一天都是他的"假日"，但作为昆山市义工联合会的一名"老兵"，他每天"档期"都排得满满的。

上午 10 点，老刘兴致勃勃跟他的义工"小伙伴们"一道，赶到城北街道胜利社区，落实"惠百老"公益项目，为老人们办了一场载歌载舞的集体生日会，完全忘了自己也是一位老人。

　　正值昆山举办汤尤杯世界羽毛球赛期间，从生日会出来，老刘匆匆吃了一份盒饭当午餐，又风风火火赶往亭林公园门前的志愿者服务亭，为来自世界各地的游客提供方便。

　　老刘还是一位多才多艺的"阳光老人"。出门时，他总会往汽车后备箱里塞上两只鼓囊囊的环保袋，装着他的"十八般兵器"，在执行各项公益任务的间隙，随时随地操练起来。

国
网
苏
州
供
电
公
司
好
人
故
事

"兄弟连"团队

刚做完肾透析，王勤看上去还有些虚弱，看到兄弟们到家里来做饭，王勤显得有些乐不可支。大家平时都忙于工作，只有在休息日哥几个才能聚一回。张凤祥、姚洪林择菜的当口，王勤搬个小板凳坐在一旁，唠唠家常。酷爱下厨的张丽君则跑到厨房里，撸起袖子，帮着王勤的母亲做起饭来。

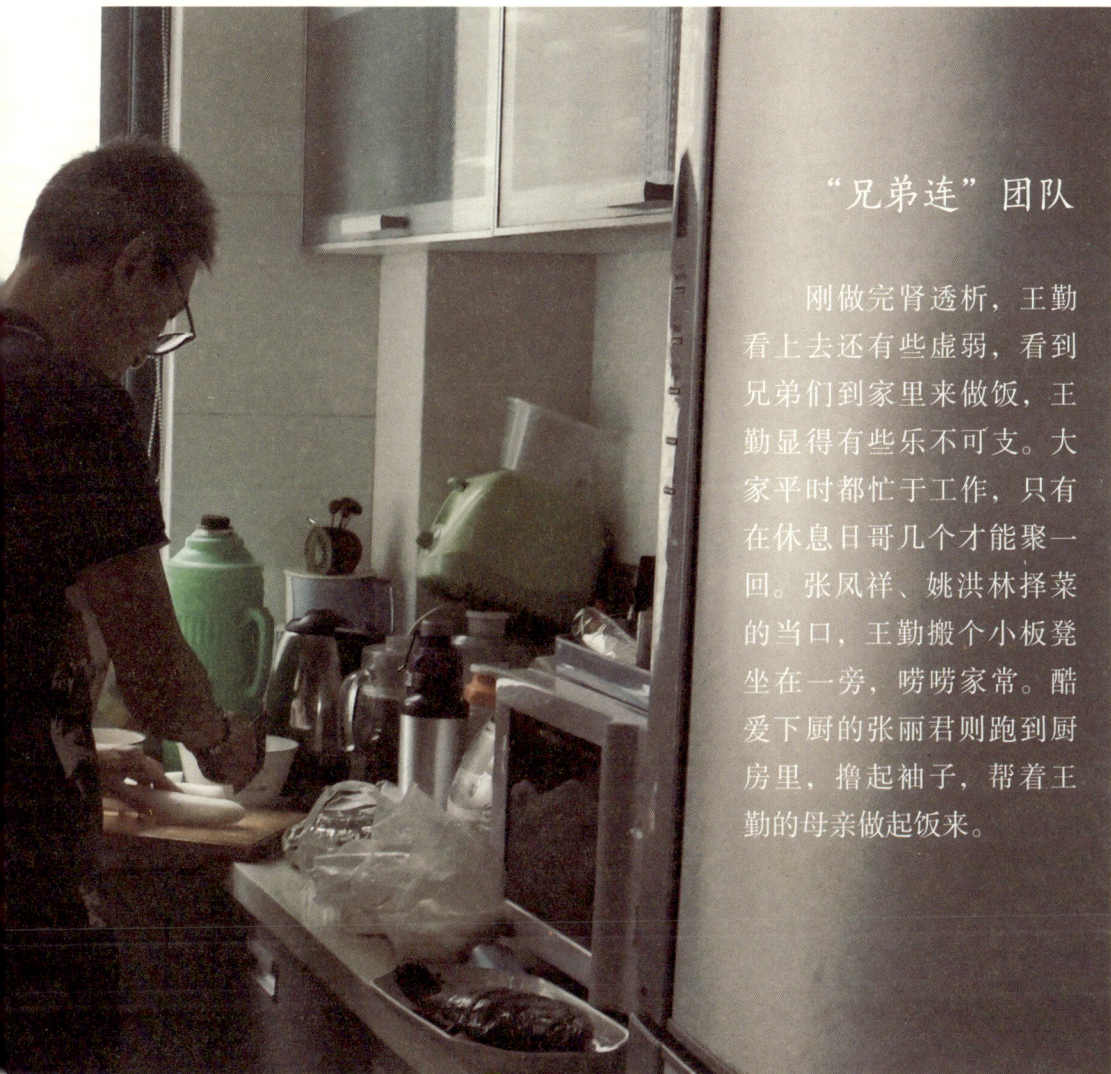

王勤的小儿子酷爱架子鼓，张凤祥、姚洪林两位叔叔俨然成了他的小粉丝。在大伙儿的呼声下，小家伙即兴来了首 TFBOYS 的《青春修炼手册》，一招一式，有板有眼，引来大伙一阵喝彩。

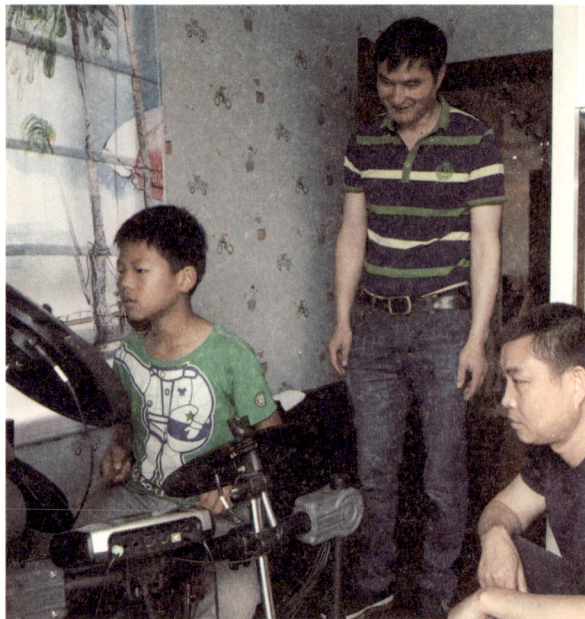

国网苏州供电公司好人故事

十多年的兄弟情，在举杯的一瞬间，千言万语皆化作杯中酒，相视一笑，笑容间有多少他们共同的珍贵回忆。

　　连续几个双休日都下雨，王勤一直没有出门走动的机会。这回终于迎来了一个大晴天，午饭后，张凤祥和姚洪林带着王勤来到城南一处僻静的钓鱼休闲中心，王勤坐在中间，两兄弟陪伴左右，不一会儿，鱼就上了钩，张凤祥忙帮王勤收线，三人沉浸在单纯的喜悦中。

查晓东

　　创办雪莲花助学联合会后，查晓东的许多个休息日都忙于走访外地的学校、送达助学款等事宜。这个星期天，查晓东刚从甘肃甘加小学发放助学款回来，憨厚的笑容里看不见一丝疲惫。

　　临近端午，查晓东和雪莲花助学联合会的志愿者们在狮山大厦红酒坊内制作端午香包，准备拿到商场去义卖，用作甘加小学 20 个学生暑期夏令营的活动经费。

　　晚上，查晓东回到雪莲花助学联合会办公室，反馈之前走访和发放助学款的情况，并指导新来的义工做工作记录。

"供电好囡"团队

张家的老灶台使用多年，已严重开裂倾斜，随时可能坍塌。姐弟俩因为曾患麻风病，导致肢体残疾，行动不便，视力也较弱，改用煤气灶、电磁炉等新式炊具，存在一定的安全隐患，只能将老灶台拆除，原地砌一个新的。然而，会砌传统灶台的泥瓦匠如今已很少。"供电好囡"团队前后用了近一个月，几乎寻遍了小半个常熟，终于找到了一位精通老手艺的师傅，于是，赶紧利用双休日翻砌起来。

　　张家阿姐下肢残疾，无法直立，够不着原先安装在标准高度的开关插座。趁着修灶台的机会，"供电好囡"们带来了自己的工具包和电线、面板等材料，主动帮他们更换新的开关，并下移至张家阿姐称手的高度。

　　时值阳历 5 月下旬，闲谈中张家阿姐提到，地里的菜籽熟透了，如不及时收回来，就爆开洒在土里了。"供电好囡"们二话不说，找出工具直奔菜地。拔、捆、碾、筛，只半天的工夫，大家在说说笑笑中，就让几十斤菜籽粒粒归仓。

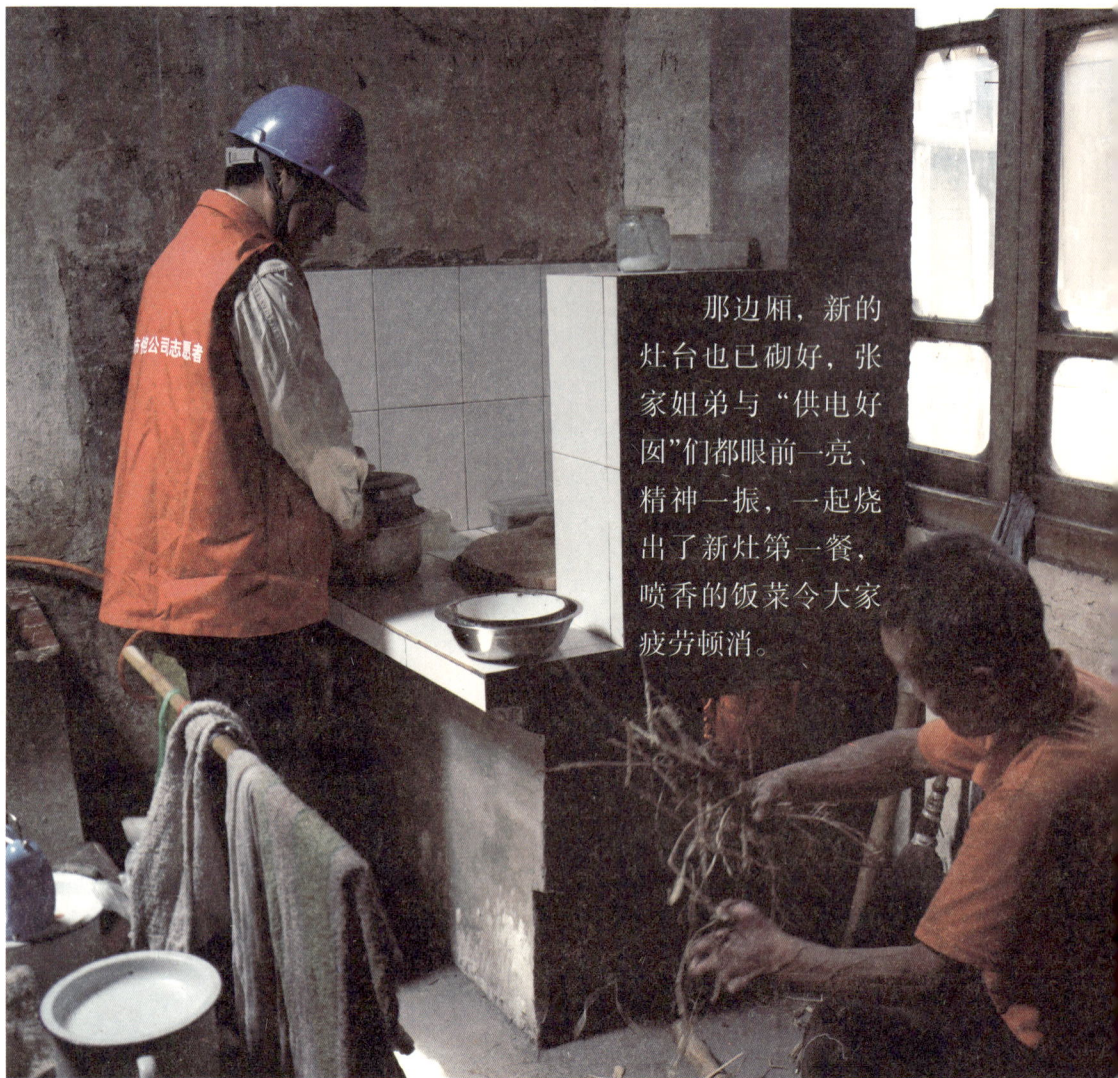

那边厢，新的灶台也已砌好，张家姐弟与"供电好囡"们都眼前一亮、精神一振，一起烧出了新灶第一餐，喷香的饭菜令大家疲劳顿消。

假日是宝贵的，每个人都希望能够自由支配，过得充实而有意义。好人也是普通人，他们的假日安排跟我们大同小异，然而，正是大同中的小异，让他们成为了令人敬佩的好人。

他们分出更多的假日时光，用于从事各类公益活动，用于陪伴和照顾需要帮助的对象。在他们看来，并非一种自我牺牲，相反是扩展了生命的维度，在更广阔的天空下实现自我。行善不仅是对他人的施予，更是自我的人生修炼。生命之河流向沙漠，必将渐渐干涸，流向爱，才会潺潺不息。

图书在版编目（CIP）数据

照亮别人 照亮自己：国网苏州供电公司好人故事 / 国网苏州供电公司主编 . —上海：文汇出版社，2016.11

ISBN 978-7-5496-1922-1

Ⅰ . ①照… Ⅱ . ①国… Ⅲ . ①供电－工业企业－先进工作者－先进事迹－苏州 Ⅳ . ① K826.16

中国版本图书馆 CIP 数据核字（2016）第 278769 号

照亮别人 照亮自己：国网苏州供电公司好人故事

主　　编 / 国网苏州供电公司

责任编辑 / 吴　斐

装帧设计 / 吕　敬　张　彪

出版发行 / 文匯出版社

　　　　　上海市威海路755号

　　　　　（邮政编码200041）

印刷装订 / 苏州华美教育印刷有限公司

版　　次 / 2016年11月第1版

印　　次 / 2016年11月第1次印刷

开　　本 / 787×1092　1/16

字　　数 / 90千

印　　张 / 10

印　　数 / 1-3000

ISBN 978-7-5496-1922-1

定　　价 / 58.00元